Roy Publicae

Es ist vollbracht

Roy Publicae

Es ist vollbracht

proklamierte Thronnachfolge

Dictus Publishing

Imprint
Any brand names and product names mentioned in this book are subject to trademark, brand or patent protection and are trademarks or registered trademarks of their respective holders. The use of brand names, product names, common names, trade names, product descriptions etc. even without a particular marking in this work is in no way to be construed to mean that such names may be regarded as unrestricted in respect of trademark and brand protection legislation and could thus be used by anyone.

Cover image: www.ingimage.com

Publisher:
Dictus Publishing
is a trademark of
International Book Market Service Ltd., member of OmniScriptum Publishing Group
17 Meldrum Street, Beau Bassin 71504, Mauritius
Printed at: see last page
ISBN: 978-613-7-35241-0

Inhaltsverzeichnis:

I.   **<u>Souveränität:</u>**

1. <u>2020/2 - Die Souveränität des Grhzgt. Mecklenburg-Strelitz und des Grhzgt. Mecklenburg-Schwerin bei den Vereinten Nationen bekannt gegeben</u>[1]

Das Großherzogthum Mecklenburg-Strelitz gibt öffentlich bekannt.

Zur eindeutigen Sachstandsbeurteilung wurde der UNITED NATIONS, z. Hd. Seiner Exzellenz Antiono Manuel de Oliveira Guterres, angezeigt, daß der souveräne Staat Großherzogthum Mecklenburg-Strelitz und Großherzogthum Mecklenburg-Schwerin als Völkerrechtssubjekt sein Bodenrecht in der Sezession unter der Führung Seiner Königlichen Hoheit Friedrich Maik wahrnimmt.

---

[1] Vgl. https://www.volldraht.de/recht/63-oeffentliche-bekanntmachung/3193-2020-2-die-souveraenitaet-des-grhzgt-mecklenburg-strelitz

Grand Duchy of Mecklenburg Strelitz and Grand Duchy of Mecklenburg Schwerin
The Grand Duke

UNITED NATIONS
Secretary General

His Excellency António Manuel de Oliveira Guterres

NEW YORK

Highly Honoured Secretary General His Excellency
António Manuel de Oliveira Guterres,

I have the honour to announce you, that the Grand Duchy of Mecklenburg Strelitz and the Grand Duchy of Mecklenburg Schwerin has been proclaimed unopposed and duly transferred to its Sovereignty. The Grand Duchy of Mecklenburg Strelitz and the Grand Duchy of Mecklenburg Schwerin declare themselves ready to accept the obligations arising from the Charter of the United Nations and are willing to fulfil these obligations.

I have the honour to request you to announce the contents of this note to all Member States, all Subsidiary Bodies of the United Nations and all Special Organizations and all associated organizations.

Please accept, Mr Secretary-General, the assurance of my most excellent consideration.

Performed in Schwerin/Mecklenburg, on February 27th, 2020.

His Royal Highness Grand Duke Friedrich Maik

Großherzogthum Mecklenburg Strelitz und Großherzogthum Mecklenburg Schwerin
Der Großherzog

VEREINTE NATIONEN
Generalsekretär

Seine Exzellenz António Manuel de Oliveira Guterres

NEW YORK

Hochverehrter Generalsekretär Seine Exzellenz
António Manuel de Oliveira Guterres,

Ich habe die Ehre, Ihnen mitzuteilen, dass das Großherzogthum Mecklenburg Strelitz und
Großherzogthum Mecklenburg Schwerin durch Proklamation widerspruchslos und
ordnungsgemäß in seine Souveränität überführt wurde. Das Großherzogthum Mecklenburg
Strelitz und das Großherzogthum Mecklenburg Schwerin erklären sich bereit, die
Verpflichtungen, die sich aus der Charta der Vereinten Nationen ergeben, zu übernehmen
und sind willens, diese Verpflichtungen zu erfüllen.

Ich habe die Ehre, Sie zu ersuchen, den Inhalt dieser Note allen Mitgliedsstaaten, allen Haupt-
und Unterorganen der Vereinten Nationen sowie allen Sonderorganisationen und allen
damit verbundenen Organisationen der Vereinten Nationen bekanntzumachen.

Genehmigen Sie, Herr Generalsekretär, die Versicherung meiner ausgezeichnetsten
Hochachtung.

Ausgeführt zu Schwerin/Mecklenburg, am 27. Februar 2020.

Seine Königliche Hoheit Großherzog Friedrich Maik

Seine Königliche Hoheit Großherzog Friedrich Maik,

des Großherzogthum Mecklenburg-Strelitz und des Großherzogthum Mecklenburg-Schwerin.

Samstag den siebten März zweitausendundzwanzig

2. <u>Mecklenburg – US-Schutzmacht – Souveräner Staat vs. Berlin - Soros-Demokraten - Friedensvertrag</u>[2]

Ein Leserkommentar zum Verständnis der aktuellen Lage! Gerne möchte ich von meiner Seite mal einiges zur Lage und des gestrigen Geschehens in Berlin aufklären.

Die als C o r o n a- Demo deklarierte Demonstration ging nicht hauptsächlich um dieses Thema. Sicher spielt es eine gro[ß]e Rolle, jedoch ist dieses eher als ein politisches Problem zu sehen.

Ich versuche es jetzt mal etwas grober, ohne auf diverse jedoch auch sicher wichtige Fakten einzugehen.

Eine Tatsache ist, dass es in Deutschland nie einen Friedensvertrag gab und seit 1945 Deutschland durch die alliierten Truppen verwaltet ist. Diesbezüglich wurden 2 Verwaltungsorgane

---

[2] Vgl. https://volldraht.de/recht/119-politik/3852-mecklenburg-us-schutzmacht-souveraener-staat-vs-berlin-soros-demokraten-friedensvertrag

eingesetzt, welche sich in Verwaltungszonen DDR und BRD teilten. Der Osten des Deutschen Reiches wurde an Polen vergeben.

„Beamte" haben die Rechtsgrundlagen zu kennen!

„Beamte" haben einen entstandenen finanziellen Schaden (Gebühren etc.) persönlich zu ersetzen!

Gemäß den §§ 823 und 839 BGB haftet jeder „Beamte" persönlich für jede Summe, die er **ohne gültige Rechtsgrundlage** verursacht hat! Diese kann ihm im Zuge des Schadenersatzes persönlich in Rechnung gestellt werden.

Nochmals:

Der Europäische Gerichtshof für Menschenrechte hat festgestellt, dass die sog. „BRD" kein effektiver Rechtstaat mehr ist.

Der Europäische Gerichtshof für Menschenrechte hat die Feststellung, dass die sog. „BRD" kein effektiver Rechtstaat mehr ist, nicht aus einem Fall abgeleitet, sondern aus verschiedenen Fällen. So, z.B. der Fall Görgülü: Hier wurden wegen eines Rechtstreites über 36 Fehlurteile gefällt und 7 Strafanzeigen nicht bearbeitet. Nachdem der Fall bei dem Europäischen Gerichtshof für Menschenrechte gelandet war, musste eingestanden werden, dass der gesamte zweite Senat des Leipziger Oberlandesgericht „Recht gegen jedes Recht gesprochen hat" und damit, Rechtsbeugung nach § 339 StGB begangen hat.

"Die Europäische Union hat festgestellt, daß die Bundesrepublik Deutschland kein Rechts-Staat ist.

Darum haben wir das Großherzogthum Mecklenburg-Strelitz und Großherzogthum Mecklenburg-Schwerin sowie das Herzogthum Pommern mit internationaler Zustimmung aktiviert.

Der Großherzog Friedrich Maik Großherzog vom Großherzogthum Mecklenburg-Strelitz und Großherzogthum Mecklenburg-Schwerin sowie vom Herzogthum Pommern. Seine Königliche Hoheit vom Königreich Preußen."

Was geschah 1989? Dort begann die richtige Täuschung der Deutschen. Russland trat seine Besatzungsgebiete an die USA ab und zog sich aus den besetzten Gebieten zurück. Die DDR wurde der BRD zugegliedert und in eine Firma gewandelt. Der 2+4 Vertrag ist nur ein Scheinvertrag, um dem Volk Souveränität zu suggerieren.

Er war nie rechtsgültig, da die BRD kein souveräner Staat war. Dies würde ja bedeuten, daß die Alliierten mit ihrer Verwaltung einen Vertrag abgeschlossen hätten, und dies ist rechtlich nicht möglich. Deutschland bzw. Die GMBH Deutschland sollte nach Aussagen von Obama immer besetztes Gebiet bleiben.

Wie sieht es rechtlich aus? Der damalige Deutsche Kaiser hat sich nach Zusammenschluss der deutschen Länder zu einem Bund selbst zum Kaiser ernannt und später das Reich ins Handelsrecht umgewandelt. Hier spielt der Vatikan eine große Rolle. Dem Vatikan passte es nicht, daß es 2 souveräne Reiche gab, einmal den Vatikan mit seinen infiltrierten Ländern und das Deutsche Reich. Denn der Vatikan bestrebte und bestrebt immer noch die Weltherrschaft und die rechtlichen Grundlagen seiner selbst belaufen sich auf das Seehandelsrecht, welches ein niederes Recht ist und das Völkerrecht ausschließt.

Das in der UN Charta begründete Recht ist Vatikanrecht und hat die Grundlage auf den 3 goldenen Bullen(Gesetze) des Vatikan, welche besagen: Daß der Papst Vertreter Gottes auf Erden ist und nur er der Zugang zu Gott ist, 2. Da die Menschen ja durch Gott geschaffen sind und der Papst der Vertreter Gottes ist, ist der Mensch Eigentum des Papstes bzw. Vatikan. 3. Das Kollateral, Land und Natur, Grund und Boden ist ebenfalls Gott geschaffen und somit, da er der einige Vertreter ist, Eigentum des Papstes bzw. Vatikans.

51Auf dieser Grundlage wirkt das Maritime Seehandelsrecht. Wir sind alles Sklaven des Vatikan und alles bemisst sich nach einem Geldwert und ist handelbar. Das Deutsche Reich in den Anfängen war souverän und das einzige Land der Welt, welches im Völkerrecht / Menschenrecht wirkte. Der Kaiser selbst hat den Weg ins Handelsrecht geebnet und das Reich in eine Firma gewandelt. Doch den schlimmsten Schaden hat danach der Österreicher mit dem Bart angerichtet.

WAPPEN UND FLAGGEN DES DEUTSCHEN KAISERREICHS

Der Reichsadler trägt die Krone des Vatikans und den Staaten wurden die Kronen genommen.

„Der Adler galt sowohl als kaiserliches Symbol wie auch als Symbol des Reiches. Die Verwendung eines Adlers war daher auch immer ein Bekenntnis zu Kaiser und Reich, und wurde von den römisch-deutschen Kaisern oft auch verliehen. So sind Adlerwappen typisch für viele freie Reichsstädte, die Wert auf ihre Reichsunmittelbarkeit legten und sich keinem Territorialherrn unterwerfen wollten, und finden sich auch in Zunftwappen und anderem „ Quelle: Heraldik-Wiki

„das Deutsche Reich: Hier stellte der einköpfige Reichsadler – neben dem Preußischen Adler (seit 1701) – auch das Hoheitszeichen des Deutschen Kaiserreiches (1871–1918) dar.

[…https://www.heraldik-wiki.de/wiki/Deutschland" style="color: rgb(0, 0, 128); text-decoration: underline;">Deutschland nachfolgende Staatsform führte die Weimarer Republik (1919–1933) den Reichsadler im Wappen fort. Auf dem heutigen Bundeswappen Deutschlands und auf zahlreichen anderen Symbolen, Ehren- und Hoheitszeichen wird die Traditionslinie der Reichsadler des Heiligen Römischen Reichs und des Deutschen Reichs unter der Bezeichnung Bundesadler weitergeführt.“ Quelle: Heraldik-Wiki

Er hat das DR an den Vatikan verscherbelt, indem er das Reichskonkordat unterschrieben hat. Ab diesen Punkt war das Volk eine Ware geworden und musste bis heute einen Tribut an den Vatikan zahlen. Auf die Kriege und viele Einzelheiten, obwohl sie wichtig, sind möchte ich an diesem Punkt nicht eingehen. Wichtig zu wissen, ist, daß letztendlich Firmen die Kriege geführt haben.

Was bedeutet das jetzt für den Friedensvertrag, welcher gefordert wird?

Sollte es zu einen Friedensvertrag kommen, werden die Firmen Washington DC und Sowjetunion heute Russland, durch die vom Volk gewählte Verfassung Putins (Durch diese Verfassung wurde Russland Rechtsnachfolger der Sowjetunion) sowie China (Frankreich ist kein Alliierter im rechtlichen Sinne, da Frankreich durch die Besetzung von Paris durch die Deutschen ihren Krieg gegen das DR3 verloren haben und nur Kriegsgewinner Alliierte sein können. England wird über China vertreten. Also käme es zum Friedensvertrag, würde das DR mit Kaiser oder Souverän (Volk) wieder entstehen. Welches der beiden, Kaiserreich oder Weimarer Republik müssten dann die Vertragspartner entscheiden. Doch das DR wäre dann wieder eine Firma.

Dies wäre zu mindestens mal ein Anfang, um die Welt zu befrieden. Doch hilft es nicht, direkt in das Menschenrecht zu gelangen. Somit bleibt abzuwarten, ob es einen Friedensvertrag überhaupt geben wird.

Was ist denn nun unsere andere Option zur Freiheit und diese halte ich letztendlich für realistisch.

Um in das Menschenrecht zu gelangen, müsste man geschichtlich noch weiter zurück gehen, nämlich in die Zeit der Deutschen Kleinstaaten in die parlamentarische Monarchie.

Das bedeutet, die Königreiche und Herzog-, Fürsten- sowie Großherzogtümer würden sich durch den verbliebenen weißen Adel wieder formieren und reaktivieren. Und dies geschieht gerade wieder, ohne daß es eigentlich von der Öffentlichkeit wahrgenommen wird. Vorreiter ist hierfür Großherzog Friedrich Maik von Mecklenburg Strelitz, Mecklenburg Schwerin und Verwalter vom Herzogtum Pommern.

Zudem ist er rechtmäßiger König vom (ich betone) **Königreich Preußen** (Damit es keine Missverständnisse gibt). (Das Brandenburger Tor z.B wurde erbaut von Louise Herzogin vom Großherzogthum Mecklenburg-Strelitz und Königin vom Königreich Preußen . Louise ist die Vorfahrin von Friedrich Maik).

Mecklenburger Polizisten wissen, was zu schützen ist.

Friedrich Maik hat vor kurzem in einer Pressekonferenz bekanntgegeben , dass er souveräne Grenzen um seine Großherzogtümer sowie Herzogtum Pommern bilden wird und dies bedeutet, dass er staatsrechtlich einen eigenen Staat bildet, der sich von der BRD sowie DR trennt. Hierzu muss gesagt werden, dass diese Großherzogtümer nie wirklich vertraglich zum deutschen Reich gehörten und somit sie auch nie im 2W Krieg verwickelt waren. Dies sorgt dafür, dass sich diese Gebiete problemlos vom Deutschen Staatsgebiet trennen können. Einzelheiten und Verträge kann man bei Großherzog Friedrich Maik einsehen.

<u>Friedrich Maik sowie die Großherzogtümer und das Herzogtum Pommern steht nun unter persönlichen Schutz der US-Amerikaner und das Gebiet wurde auch schon als souveräner Staat bei der UN registriert.</u> Es ist alles nachprüfbar! Was passiert nun! Friedrich Maik hat dem derzeitigen Landtag eine Frist gegeben, sich aus seinen

Gebieten zurückzuziehen und wird im September voraussichtlich seine Gebiete von der BRD sowie DR trennen und ein souveräner Staat werden. Somit wird sich über kurz oder lang die BRD verkleinern. In Bayern verfolgt man schon ähnliche Pläne.

Wir sind noch nicht frei! Die Einheit von Deutschland ist noch nicht vollzogen, gemäß UNO ist die Bundesrepublik Deutschland eine Nichtregierungsorganisation. (Germany)-NGO

Ich sehe es also so, wenn sich die Kleinstaaten wieder formieren, ist die BRD und das DR aufgelöst und somit ein Friedensvertrag hinfällig, weil die Firmen automatisch aufgelöst werden. Gibt es für die anderen Staaten, welche zur Zeit noch im Krieg mit Deutschland sind, keine deutsche Firma mehr, gibt es auch keinen Kriegsbestand und Zustand mehr.

Dies würde dazu führen, daß alle Länder ihre eigene Souveränität anstreben können , die sie nur anstreben können, wenn sie als Land in keinen Krieg verwickelt sind. So können wir zum Weltfrieden gelangen.

<u>Ein Friedensvertrag wäre demnach nur ein erschwerender Schritt zum Weltfrieden.</u> Sicher gibt es noch viele Einzelheiten, doch habe ich mich bemüht es mal mit einfachen Worten darzustellen. Wer es nicht glaubt, kann es gerne prüfen und wird es in Kurze sehen und bemerken, wenn er nach Mecklenburg einreisen möchte!

Was bedeutet eine parlamentarische Monarchie?

Entgegengesetzt der Meinung in der Bevölkerung , dass ein Monarch die alleinige Kontrolle über das Land hat, bestimmt das Parlament sowie die Gebietszugehörigkeit. Es wird ein Parlament aus Gebietsvertretern gebildet welche Gesetze oder politische Weisungen verhandeln und verabschieden .

Jedoch hat der Monarch ein Vetorecht, wenn er eine Gefahr für Rechtsstaatlichkeit sieht, genauso wie das Volk. Er kann keine Gesetze verabschieden, jedoch die verabschiedeten Gesetze prüfen und im Notfall stoppen lassen, damit sie neu verhandelt werden können. Somit wird ausgeschlossen, daß Gesetze am Volke vorbei beschlossen werden können. Auch wird es keine Partien mehr geben, diese werden verboten.

Zur Zeit wählen die Bürger eine Partei, welche ein Programm führt, doch auf die Staatsvertreter haben sie keinen Einfluss, denn diese werden durch die Partei bestimmt und in Position gebracht. Die Bürger haben somit keine Möglichkeit mehr, Einfluss zu nehmen. Dieses jetzige System ist alles andere als demokratisch. Zumindest ist es das nur als Theorie! Ich hoffe ich konnte ein wenig Licht ins Dunkle bringen. Prüft es bitte alles selbst . Der Großherzog Friedrich Maik hat eine Facebook sowie YouTube Seite und kann auch persönlich angeschrieben werden, denn seine Emailadresse ist hinterlegt. Soweit er Zeit hat, wird er sicher gern Antwort geben.

Es wird stürmisch die nächste Zeit!

Die Demonstrationen sind ein Zeichen dafür um Veränderungen herbeiführen zu können und sehr wichtig, auch wenn die Menschen dort aus verschiedensten Gründen teilnahmen. Die Meisten wissen nicht über die geschichtlichen und staatsrechtlichen Hintergründe Bescheid, jedoch bekunden sie ihren Unmut. Für viele würde es schon reichen, wenn das China-Virus und die Deutsche BRD Regierung verschwindet. Doch das ist nicht die Lösung, denn sofort wird eine Opposition die Gunst ergreifen, die Platze wieder im alten System zu besetzen. Und danach die selben im Hintergrund geführten Machtstrukturen fortzuführen. Das kann und wird nicht das Ziel sein, aber auch nicht durch Russland und USA zugelassen.

In Kürze wird der Landtag in Mecklenburg-Vorpommern aufgelöst.

Großherzog Friedrich Maik hat das Ultimatum, den Landtag Mecklenburg-Vorpommern zu räumen, gestellt.

In Kürze wird der Landtag in Mecklenburg-Vorpommern aufgelöst.

Die Mecklenburger Polizei und das US-Militär stellen die Sicherheit und Ordnung im Staat.

1989 war ich schon einmal auf einer Demo und dort geschah das gleiche, Die Menschen gingen direkt in die nächste Falle, und wer glaubt, daß sich das Volk selbst befreit hat, irrt sich gewaltig. Dieses Ereignis war geplant und gesteuert. Stellt Euch doch mal die Frage, wenn eine Gemeinschaft wie z.B.Querdenken so werbewirksam auftreten kann, das ganze Equipment aufbauen kann, sowohl in der Luft zu Wasser und vor Ort auf der Demo agieren kann, woher das viele Geld stammt. Keiner von den Akteuren wird sein Privatgeld dazugeben, und wir sprechen hier von Summen, die die 1.000.000 Marke schnell erreicht.

Hier agieren Finanzmächte dahinter. Stell dich doch einfach mal mit einem Schild, einer Meinung auf den Marktplatz und mache Werbung für dein Programm, du wirst auch noch am Abend alleine dastehen. Gibst du den Leuten jedoch Geld schließen sich sehr viele an. Das macht die Antifaführung. ihre Agitatoren sind gekauft.

Ich möchte jetzt nicht sagen, daß die Veranstalter von Querdenken gekauft sind, jedoch muss die ganze Organisation der Demo bezahlt werden. Die Menschen vertrauen diesen Leuten, welche ihre Sprache sprechen um schnelle Lösung für ihre Probleme zu finden... Das kann aber auch wieder eine Falle sein , wie es das 1989 gewesen ist. Also bitte aufpassen und hinterfragen, wem ihr folgt. Richtige Patrioten brauchen keine Bühne, sie stehen an Ort und Stelle für ihre Meinung und Ziele ein.

<u>Noch etwas zum Grundgesetz. Dieses ist obsolet und wurde mit der Wiedervereinigung außer Kraft gesetzt,</u> und somit sind alle, welche einen BRD Personalausweis besitzen, staatenlos, jedoch Firmen

zugehörig. Also vergesst das Grundgesetz sowie sich auf dieses zu berufen.

Die Flagge Schwarz Rot Gold ist eine Deutsche Handelsflagge, welche für Handelsgesellschaft steht. Völkerrechtlich währen die Königreich und Großherzogtümer sowie Herzogtümer Flaggen für ein souveränes Staatsgebiet gültig. Wer also Flagge zeigen will, zeigt seine Länder-Flagge (Bundesland) Besser jedoch die Königlichen Flaggen der dt. Kleinstaaten.

Für Skeptiker! Luxemburg ist ebenfalls eine Parlamentarische Monarchie und dieses Land gehört zu den reichsten Ländern der Erde sowie haben sie den niedrigsten Steuersatz, da sogar die Schweiz neidisch auf das Fürstentum ist. Es funktioniert also!

Das Königreich Preußen hat seinen König wieder.

3. <u>Maik Geikler</u>[3]

Maik Geikler (nach Eigenangaben Maik Friedrich Geikler) ist ein deutscher Immobilienmakler und selbsternannter "*Großherzog von Mecklenburg-Strelitz und Mecklenburg-Schwerin*".[1]

Thesen und Ansichten

Geikler teilt im Allgemeinen die <u>üblichen Ansichten</u> der Reichsbürger zum Fortbestand des deutschen Reichs, zur <u>HLKO</u> und zum <u>Grundgesetz</u>. Im weiteren vertritt er aus dem <u>OPPT</u>-Bereich bekannte Thesen in Bezug auf Geburtsurkunden, "Bodenrechte", Staaten, die angeblich Firmen seien und weitere Themen.

Herkunft

Geikler behauptet, Enkel des Schweriner Großherzogs <u>Friedrich Franz IV.</u> zu sein, auf welchen er seinen Anspruch als Großherzog beider mecklenburgischen Staaten zurück führt. Laut eigenen Angaben sei er dabei von seiner Mutter, bei der es sich nach Geiklers Verständnis entweder um Barbara Prinzessin von Preußen oder Karin von Schaper handeln muss, aus Sicherheitsgründen bei einer mit dieser befreundeten Familie untergebracht worden. Bekannt wurde ihm dies dabei erst kurz vor dem Tod seiner Adoptivmutter, welche ihm angeblich eine Abstammungsurkunde

---

[3] Vgl. <u>https://wiki.sonnenstaatland.com/wiki/Maik_Geikler</u>

und einen Besitznachweis für das Fürstentum Ratzeburg übergab.[2] Geikler erklärte sich letztlich am 21. Juli 2019 im Rahmen seiner behaupteten Erbrechte selbst zum Großherzog.[3]

Maik Geikler und der Markenschutz

Neben seinem eigenen Namen[4] ließ sich Geikler auch das persönliche Wappen der Sophie Charlotte von Mecklenburg-Strelitz[5] als Wort- bzw. Bildmarke entsprechend der Klasse Nizza 36 (Dienstleistungen eines Immobilienmaklers) schützen. Auf dem sozialen Netzwerk Facebook scheint er durch die Veröffentlichungen der entsprechenden Urkunden seinen Anhängern implizieren zu wollen, dadurch eine Art Recht am eigenen Namen von der "Firma BRD" zurück erhalten zu haben.[6]

Trivia

Ende November 2019 behauptete der "Großherzog" auf seinem Facebookprofil, von einem FBI-Kontakt von einer

Verfahrenseröffnung gegen die US-amerikanischen Politiker Hilary Clinton und John McCain erfahren zu haben. Um seiner Aussage mehr Glaubwürdigkeit zu verleihen, führte Geikler aus, sowohl Clinton also auch McCain hätten in den vorhergehenden Wochen Verletzungen im Bereich des Unterschenkels vorgetäuscht, um elektronische Fußfesseln zu verbergen. John McCain zeigte sich mindestens seit August 2018 nicht mehr in der Öffentlichkeit. Experten nehmen an, dass sein Tod im selben Monat damit in Verbindung stehen könnte.

Weblinks

[Facebookprofil](#) von Maik Geikler

Quellennachweise

1. Hochspringen↑ Archivierter Screenshot eines von Geikler veröffentlichten Facebookbeitrags
2. Hochspringen↑ Volldraht.de: Mecklenburg im Wandel – Reorganisation des Großherzogthum Mecklenburg-Strelitz Artikel vom 25. April 2019
3. Hochspringen↑ Volldahrt.de: Öffentliche Bekanntmachung – Großherzogtum Mecklenburg Schwerin und Strelitz Meldung vom 21. Juli 2019
4. Hochspringen↑ DPMAregister, Registernummer: 302017112989
5. Hochspringen↑ DPMAregister, Registernummer: 3020191013263

6. Hochspringen↑ Archivierter <u>Screenshot</u> eines   von   Geikler veröffentlichten Facebookbeitrags

4. Fußschienen-Verschwörungstheorie[4]

Vorstellung der Verschwörungstheorie durch Jo Conrad bei Bewusst.TV im Januar 2018. Deutlich zu sehen ist, dass sich Conrad auf die anonym aus Rumänien betriebene Verunglimpfungsseite News for friends beruft.

Menschliches Fleisch fand in McDonalds Fleischfabrik
News-for-Friends.de - Aktuelle Nachrichten, Videos zu Politik, Deutschland, News-for-Friends

NEWS-FOR-FRIENDS.DE | VON NEWS-FOR-FRIENDS

Webseite von "News for Friends", auf der die sehr alte und widerlegte Verschwörungstheorie "„MCDONALDS EXPOSED FOR USING HUMAN MEAT!"" der Satireseite Hutzlers verbreitet wird

---

[4]   Vgl.   https://www.psiram.com/de/index.php/Fu%C3%9Fschienen-Verschw%C3%B6rungstheorie

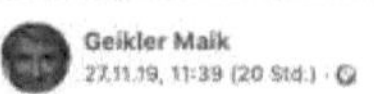

Kommentar von Maik Geikler - "Großherzog von Mecklenburg-Strelitz und Mecklenburg-Schwerin"

Die **Fußschienen-Verschwörungstheorie** ist eine im Herbst 2017 in den USA aufgekommene Verschwörungstheorie, die besagt, dass mehrere hochrangige amerikanische Politiker wegen angeblicher strafrechtlicher Ermittlungen insgeheim und unsichtbar elektronische Fußfesseln tragen. Um diese zu verbergen, würden die jeweiligen Politiker Krankheiten simulieren, die das Tragen von Unterschenkel- oder Fußschienen (Unterschenkelorthesen) notwendig machen (in englischer Sprache ist die Rede von "walking boots"). Die Verschwörungstheorie stammt wie die ältere Pizzagate-Verschwörungstheorie aus dem Umfeld von Anhängern des US-Präsidenten Donald Trump und wurde im deutschsprachigen Raum unter anderem von Bewusst.TV von Jo Conrad[1] sowie von der anonym betriebenen Webseite "News for Friends" verbreitet, die in der Vergangenheit bereits durch groteske "Fake News" und

Verschwörungstheorien auffiel. "News for Friends" wiederholte auch die sehr alte und falsche Verschwörungstheorie, dass die amerikanische Fast-Food-Kette McDonalds in ihren Hamburgern auch Menschenfleisch verwende.[2] Ursprung dieser Behauptung war die Satireseite Huzlers (*"Huzlers.com is a combination of real shocking news and satire news to keep its visitors in a state of disbelief"*).

Tatsächlich kann diese Verschwörungstheorie als eine Art Fortsetzung der inzwischen widerlegten Pizzagate-Verschwörung verstanden werden. Sie wurde zuerst über twitter (#FollowTheWhiteRabbit) und den Blog 4chan verbreitet.

Genannt werden in diesem Zusammenhang ausschließlich Politiker, die Mitglieder der amerikanischen Demokratischen Partei sind oder sich kritisch über den amerikanischen Präsidenten Donald Trump geäußert hatten, so z.B. Hillary Clinton und die Republikaner John McCain und Jeff Flake, aber auch Chelsea Clinton, die Tochter von Hillary Clinton.

- Hillary Clinton erlitt am 15. Oktober 2017 einen Zehenbruch am rechten Fuß, als sie mit hohen Absätzen und einer Kaffeetasse in der Hand auf einer Treppe stürzte.[3] Sie musste eine Reise in Großbritannien beenden und erhielt für den rechten Fuß eine Fußorthese.
- John McCain erlitt im November 2017 einen Riss der rechten Achillessehne. Auch er trägt aus medizinischen Gründen eine Unterschenkelorthese am rechten Bein. Nachdem er Fortschritte

bei der Behandlung gemacht hatte, wechselte er die Schiene auf das zuvor stärker belastete linke Bein um.[4]

- Bilder von Chelsea Clinton mit Orthese stammen aus dem Jahr 2012, als sie sich die Ferse brach. Die Verschwörungstheorie bezieht sich hingegen auf angebliche Ermittlungen aus jüngerer Zeit.

An der Verbreitung dieser Verschwörungstheorien war Qanon beteiligt, eine Desinformationsquelle der US-amerikanischen rechten Szene. In Deutschland beteiligte sich der deutsche Immobilienmakler und Reichsbürger Maik Geikler (nach Eigenangaben Maik Friedrich Geikler) an der Verbreitung der Fußschienen-Verschwörungstheorie. Ende November 2019 behauptete der "Großherzog" auf seinem Facebookprofil von einem FBI-Kontakt von einer Verfahrenseröffnung gegen die US-Amerikanischen Politiker Hilary Clinton und den bereits verstorbenen John McCain erfahren zu haben. Um seiner Aussage mehr Glaubwürdigkeit zu verleihen führte Geikler aus, sowohl Clinton also auch McCain hätten in den vorhergehenden Wochen Verletzungen im Bereich des Unterschenkels vorgetäuscht um Elektronische Fußfesseln zu verbergen. Geikler ist selbsternannter "Großherzog von Mecklenburg-Strelitz und Mecklenburg-Schwerin".

5. <u>Georg Friedrich Prinz von Preußen, auf der Burg Hohenzollern: deutsch-russische Freundschaft</u>[5]

Geikler Maik

1. November um 22:46

►Jetzt habe ich wieder Hoffnung!
►Unser Kaiser Georg Friedrich Prinz von Preußen und Ehefrau Prinzessin Sophie wecken was unter Putin verloren gegangen ist.
►24.10.2016 - Die deutsch-russischen Beziehungen waren schon einmal besser. Deshalb sollten sie gepflegt werden. Metropolit Hilarion von Wolokolamsk, Leiter des Außenamtes der Russisch-Orthodoxen Kirche, und Georg Friedrich Prinz von Preußen und dessen Ehefrau Prinzessin Sophie haben einen Beitrag dazu gelistet. Sie organisierten am Samstag auf der Burg Hohenzollern einen Tag der deutsch-russischen Freundschaft, um gemeinsam an die deutsch-russische Geschichte und die dynastischen Beziehungen beider Länder zu erinnern.

►„Russland ist anders, Deutschland auch." So bringen der Preußen-Chef und der Oberbischof die gegensätzlichen Gemeinsamkeiten auf den Punkt. Georg Friedrich: „Deutschland zählt zum Westen, ist aber nicht nur eine westliche Nation. Aus der geografischen Mittellage ergibt sich die Chance für Deutschland in Vergangenheit, Gegenwart und Zukunft." Nach Ansicht der beiden Organisatoren zählt das deutsch-russische Verhältnis seit Jahrhunderten zu den großen Herausforderungen Europas. Umso

---

[5] Vgl. https://templerhofiben.blogspot.com/2017/11/georg-friedrich-prinz-von-preußen-am.html

bedauerlicher sei die zunehmende Entfremdung, die sich seit 2014 zu einer kontinentalen Krise ausgeweitet habe.
▶Im Beisein des Botschafters der Russischen Föderation, Wladimir Grinin, des Russisch-orthodoxen Bischofs Agapit aus Stuttgart sowie hochrangiger deutscher und russischer Vertreter aus den Bereichen Kultur, Wirtschaft, Finanzwirtschaft, Politik und Kirche eröffnete Georg Friedrich Prinz von Preußen am Samstag im Torturm der Burg Hohenzollern eine Ausstellung über die deutsch-russischen Beziehungen.
▶Den Abschluss der Begegnung bildete ein Konzert im Grafensaal der Burg unter Mitwirkung der russischen Sopranistin Svetlana Kasyan und des deutschen Klavierduos Hans-Peter und Volker Stenzl. Beim abschließenden Stehempfang nutzten die rund 200 internationalen Gästen die Möglichkeit zu freundschaftlichen konstruktiven Gesprächen.
▶Info Die Ausstellung über die deutsch-russischen Adelsverbindungen ist bis 29. Januar im Torturm der Burg Hohenzollern zu sehen und im regulären Burgeintritt bereits inbegriffen.
-

https://www.facebook.com/photo.php?fbid=10210378498154710&set=oa.204189183068734&type=3&theater

Quelle - http://m.swp.de/.../deutsch-russischer-schulterschluss-auf-de...

▶WEITER - Unser Kaiserpaar Georg Friedrich Prinz von Preußen, Ururenkel des letzten deutschen Kaisers Wilhelm II, verheiratet mit Sophie, eine geborene Prinzessin von Isenburg.
-

https://www.facebook.com/photo.php?fbid=10209548734131128&set=oa.204189183068734&type=3&theater

►WEITER - "Willkommen bei "Royal Russia"" Europe together with Russia back to the Monarchy! Europa gemeinsam mit Russland zurück zur Monarchie! - https://www.facebook.com/klauspeter.kolbatz/media_set…

6. <u>Mecklenburg – Großherzog Friedrich Maik - Weihnachten 2019</u>[6]

Liebe Mecklenburger, wir haben innerhalb der letzten 6 Monate viel geschafft und unsere Heimat auf den Kurs einer souveränen Nation gebracht. Über die Feiertage haben wir eine kurze Pause der Ruhe und Besinnung. Nutzen Sie diese Zeit, um für Ihre Familie da zu sein.

Mein Dank gilt den Freunden und Weggefährten, die mich mit ihrem Wissen und persönlichen Einsatz vorbehaltlos unterstützt haben, diesen schwierigen Weg erfolgreich zu meistern.

Die in den Vereinigten Staaten von Amerika stattfindende Korrektur der politischen Gremien hat direkte Auswirkungen für die BRD-Verwaltung, da mit dem Austritt aus dem Bund der Neustart der

---

[6] Vgl. https://volldraht.de/recht/83-aktivierung-mecklenburg/2933-mecklenburg-grossherzog-friedrich-maik-weihnachten-2019

parlamentarischen Monarchie im Gebiet des Großherzogthum
Mecklenburg-Strelitz und des Großherzogthum Mecklenburg-
Schwerin beschleunigt wurde und in 2020 umgesetzt wird.

Die Landesregierung Mecklenburg-Vorpommern bemüht sich den
Spagat zwischen den Anforderungen der BRD-Verwaltung und den
notwendigen Umstrukturierungen der Verwaltung zu bewältigen,
siehe dazu die Weihnachtsansprache der Ministerpräsidentin
Manuela Schwesig ohne die Signen der BRD-Verwaltung. Keine
EU, BRD oder die Flagge Mecklenburg-Vorpommerns wurden
gezeigt. Das ist begrüßenswert, nur fehlte die Flagge Mecklenburgs,
ebenso ist die Erwähnung der parlamentarischen Monarchie
überfällig. Die Neujahrsansprache der Ministerpräsidentin bietet
dazu die Gelegenheit, den Neustart Mecklenburgs im Jahr 2020
anzukündigen.

In Verantwortung als Großherzog des Großherzogthum
Mecklenburg-Strelitz und des Großherzogthum Mecklenburg-

Schwerin haben wir auf die dringensten Anliegen hingewiesen, die in der Vorbereitungsphase zu berücksichtigen sind. Ich hoffe inständig auf die Weitsicht der Bürgermeister, die sich in dieser raschen Abfolge der poltischen Ereignisse auf ihre Hauptaufgabe konzentrieren, den Schutz der Bürger ihrer Gemeinden. Es sind alle parteipolitischen Attitüden einzustellen und die ausreichende Lebensmittelversorgung und die stabile Stromversorgung für die bis März andauernde Kälteperiode zu sichern.

Wir wünschen Ihnen und Ihren Familien ein frohes Fest, viel Liebe und die Stärke für das kommende Jahr. Wir schließen mit den Worten des US-Präsidenten Donald J. Trump der treffend formulierte:

„Jede Nation hat nicht nur das Recht, sondern die Pflicht, ihre Grenzen und ihre Bürger zu schützen.

Eine Nation ohne Grenzen ist keine Nation"

Der Mecklenburger Weg in eine sichere Zukunft. PDF-Download des Artikels

---

Unsere Verantwortung gilt Mecklenburg,

den Bürgern im Gebiet des Großherzogthum Mecklenburg-Strelitz

und des Großherzogthum Mecklenburg-Schwerin.

Friedrich Maik, Großherzog von Mecklenburg-Strelitz und Mecklenburg-Schwerin.

III.   <u>**Großherzogtum:**</u>

1. <u>Mecklenburg-Vorpommern wechselt in die Monarchie – Wird Ministerpräsidentin Schwesig heute ihrer Verantwortung gerecht werden und live um 10:00 Uhr den Wechsel in die Monarchie ankündigen?[7]</u>

Merkel wird 2019 gestürzt, die Raute des Grauens wird wohl aus dem Bundestag getragen werden müssen, die bewegt sich keinen Millimeter und verharrt in der Schockstarre.

- Der Finanztsunami tobt über der EU. Den EU-Kabbalisten und Kinderfickern wird der Geldhahn abgedreht und eine goldgedeckte Währung eingeführt.
- Zeitgleich wurde die NATO als „Hirntod" erklärt und damit das gesamte Bündnis, als funktionsunfähig definiert.

---

[7] Vgl. https://www.volldraht.de/recht/83-aktivierung-mecklenburg/2788-mecklenburg-vorpommern-wechselt-in-die-monarchie

- Der Bundestags-Vizepräsident Hans-Peter Friedrich (CSU) versucht eine per se beschlußunfähige Sitzung widerrechtlich zur Abstimmung zu bringen und wird durch den Antrag der AfD, zur namentlichen Abstimmung aufgefordert, was dann zum Abbruch führt, da zu wenige der überbezahlten Politschauspieler anwesend sind. Bananenrepublik wäre da noch der freundlichste Titel der Schaumschlägerveranstaltung.
- Die SPD ist klinisch tot, zuckt nur noch. Ein zeitgemäßes Politikerleiden in der Abwicklung der BRD-Verwaltung.

Das alles ist für Mecklenburg-Vorpommern nicht mehr wichtig.

Die inoffiziellen Vorbereitungen zur friedlichen Umstellung in die Monarchie laufen auf Hochtouren und es wird von der Ministerpräsidentin Schwesig erwartet, daß Sie heute ihrer Verantwortung nachkommt und den kooperativen Umstellungsprozeß verkündet. Ihre Rede zur 30 Jahre zurückliegenden Grenzöffnung und der Veruntreuung des Volksvermögens, am 09.11.2019 um 10:00 Uhr in Dassow wäre der richtige Zeitpunkt, sich von der kurzen Leine Berlins zu lösen.

Das Großherzogthum-Mecklenburg-Strelitz und das Großherzogthum Mecklenburg-Schwerin (Ex-Mecklenburg) haben einen Monarchen, das ist Seine königliche Hoheit Großherzog Friedrich Maik.

Die Ministerpräsidentin Schwesig, Manuela wird sich den Fragen stellen müssen, wer denn der tatsächliche Eigentümer des Bodens ist, von dem viele Bürger denken , daß Sie selbst der Eigentümer wären.

Über die Pressestelle des Großherzogs wurde die Vorgabe für den Neustart im Großherzogthum-Mecklenburg-Strelitz und im Großherzogthum Mecklenburg-Schwerin veröffentlicht:

Klärung der Eigentumsverhältnisse, Bereinigung der Grundbücher,

Tilgung aller Grundbuchschulden und die Eintragung des Herrschafts- und Nießbrauchrechts.

Wir sind gespannt, was die SPD-Ministerpräsidentin zu verkünden hat.

Die Kooperation zu Gunsten der Mecklenburger oder das Durchhalteprogram einer abgewirtschafteten Partei?

2. <u>Mecklenburg im Wandel – Reorganisation des Großherzogthum Mecklenburg-Strelitz</u>[8]

Zusammenfassung aus dem Interview mit Geikler Maik® und VOLLDRAHT, Baumann Jörn vom 08. April 2019, mit Freigabe durch Geikler Maik®.

Deutschland wurde mit Ende des 2. Weltkriegs von einem souveränen Staat, zu einem militärisch besetzten Gebiet. Die alliierten Streitkräfte, mit der Hauptsiegermacht USA beschlagnahmten das Staatsgebiet am 12.09.1944. (SHAEF-Gesetz Nr. 52, Artikel 1,§1). Die von den Alliierten eingesetzte Verwaltung (Regierung der Bundesrepublik Deutschland) organisiert die legimitierte Ausplünderung der deutschen Bevölkerung, ohne selbst hoheitliche Befugnisse zu haben, seit 1990 eine Selbstständige Personenkörperschaft im Auftrag der alliierten Streitkräfte.

Ergänzend wäre zu erwähnen, daß über die US EUCOM (United States European Command) bestätigt wird, daß alle Militärgesetze bis zum Abschluß eines Friedensvertrages mit Deutschland als Ganzem in seinen Grenzen vom 31. Dezember 1937 volle Rechtskraft besitzen. Daraus ist zu schließen, daß die SHAEF-Gesetze und die der SMAD-Befehle gelten.

SMAD-Befehl Nr. 180 vom 27. July 1947

---

[8] Vgl. https://www.volldraht.de/recht/83-aktivierung-mecklenburg/2193-mecklenburg-im-wandel-reorganisation-des-grossherzogthum-mecklenburg-strelitz

1. Im Zusammenhang mit der Auflösung des Preußischen Staates haben die Landtage der Provinzen Sachsen und Brandenburg den Beschluß gefaßt über die Umwandlung dieser Provinzen in Länder. In Übereinstimmung mit diesen Beschlüssen sind die Provinzen und Länder der sowjetischen Besatzungszone Deutschlands von nun an wie folgt zu bezeichnen:

    1. Land Mecklenburg

    2. Land Brandenburg

    3. Land Sachsen-Anhalt

    4. Land Thüringen

    5. Land Sachsen

Sowjetische Militär-Administration

Befehl Nr. 95

des Chefs der Verwaltung der Sowjetischen Militär-Administration des Landes Sachsen-Anhalt

vom 22. Juli 1947

über die Verkündung des Befehls Nr. 180 des Obersten Chefs der Sowjetischen Militär-Administration in Deutschland vom 21. Juli 1947

Untenstehend verkünde ich den Befehl Nr. 180 des Obersten Chefs der Sowjetischen Militär-Administration in Deutschland vom 21. Juli 1947.

Halle (Saale), den 22. Juli 1947.

Der Chef der Verwaltung der Sowjetischen Militär-Administration des Landes Sachsen-Anhalt Generalmajor Schlachtenko

Der Chef des Stabes der Verwaltung der Sowjetischen Militär-Administration des Landes Sachsen-Anhalt Oberst Patschkow

Befehl Nr. 180

des Obersten Chefs der Sowjetischen Militär-Administration in Deutschland

vom 21. Juli 1947

1. Im Zusammenhang mit der Auflösung des Preußischen Staates haben die Landtage der Provinzen Sachsen und Brandenburg den Beschluß gefaßt über die Umwandlung dieser Provinzen in Länder. In Übereinstimmung mit diesen Beschlüssen sind die Provinzen und Länder der sowjetischen Besatzungszone Deutschlands von nun an wie folgt zu bezeichnen:

a) Land Mecklenburg

b) Land Brandenburg

c) Land Sachsen-Anhalt

d) Land Thüringen

e) Land Sachsen

2. Dieser Befehl ist dem gesamten Personal der Sowjetischen Militär-Administration in Deutschland mitzuteilen.

3. Der Befehl ist telegraphisch in Kraft zu setzen.

Berlin, den 21. Juli 1947.

Der Stellvertreter des Obersten Chefs der Sowjetischen Militär-Administration in Deutschland Generalleutnant Dratwin

Der Chef des Stabes der Sowjetischen Militär-Administration in Deutschland Generalleutnant Lukjanschenko

Als deutscher Ansprechpartner für die Alliierten gilt nicht die Bundesregierung (Merkel und deren ideologischen Hasardeure), sondern die im Staatsrecht der Reichsverfassung 1913 stehenden Deutschen. Für Mecklenburg gilt zudem der Regierungsanspruch des legitimen Nachfahren des ehemals regierenden Fürstenhaus. Aus der bisher als beendet scheinenden Linie der legitimen Nachfahren stellt jetzt Geikler Maik® seinen Erbschaftsanspruch, als Großherzog von Mecklenburg-Strelitz ein. Geikler Maik® Mutter hatte ihren Sohn aus Sicherheitsgründen bei einer befreundeten Familie in Obhut gegeben und seine Herkunft wurde ihm gegenüber verschwiegen.

Erst mit dem Ergebnis einer Blutuntersuchung kamen Zweifel auf, da Maik mit seinen offiziellen Eltern gentechnisch nicht verwandt sein konnte. Bevor Maiks Ziehmutter verstarb, übergab sie ihm die Urkunden zur Abstammung und dem Besitznachweis mit 38.000 Hektar, dem Fürstentum Ratzeburg. Im Zuge der Nachlaßregelung wurden der Besitzanspruch auf das Gebiet von Ratzeburg und die Titelrückgabe geregelt. Der Anspruch wird durch einen preußischen Hypothekenbrief und der lastenfreien Grundstück-Steuer-Mutterrolle abgesichert.

Historisches

Herzogtum Mecklenburg-Strelitz und Fürstentum Ratzeburg

Großherzogthum Mecklenburg-Strelitz 1815 – 1918

Mecklenburg, richtiger nach Etymologie und Aussprache Meklenburg, ist ein deutsches Territorium im ehemaligen niedersächsischen Kreis, an der Ostsee, im übrigen von den preußischen

Provinzen Pommern, Brandenburg, Hannover, Schleswig-Holstein (Lauenburg) und der Freien und Hansestadt Lübeck umschlossen, gliedert sich in die beiden Großherzogthümer Mecklenburg-Schwerin und Mecklenburg-Strelitz, von denen ersteres ein im wesentlichen zusammenhängendes Gebiet bildet, letzteres aber aus zwei voneinander getrennten Teilen besteht. [...]

Das Großherzogthum Mecklenburg-Strelitz besteht aus:

- dem **Herzogthum Strelitz** oder dem Stargardschen Kreis, östlich,
- dem **Fürstentum Ratzeburg** (bis 1648 Bistum), nordwestlich von Mecklenburg-Schwerin.

Von den beiden Bestandteilen des Großherzogthums Mecklenburg-Strelitz (des neuntgrößten Bundesstaates im Deutschen Reich) erstreckt sich

- das Herzogtum Strelitz von 53°9'–53°47' nördlicher Breite und von 12°40'- 13°57' östlicher Länge,
- das Fürstentum Ratzeburg von 53°40'–54°54' nördlicher Breite und 10°45'–11°5' östlicher Länge.

Der Flächeninhalt beträgt 2929,5 km² (53,2 Quadratmeilen), wovon

- 2547,56 km² auf das Herzogtum Strelitz und
- 381,94 km² auf das Fürstentum Ratzeburg entfallen.

Beide Länder haben einen gemeinschaftlichen Landtag, der abwechselnd in Mecklenburg-Schwerin (Malchin) und in Mecklenburg-Strelitz (Sternberg) tagt, auf dem aber nur die Ritterschaft und die Städte vertreten sind. […]

Wappen

Das mecklenburgische Wappen enthält sechs Felder und einen Mittelschild; die ersteren zeigen die Wappen von Mecklenburg (schwarzer, gekrönter Stierkopf mit silbernen Hörnern und abgerissenem Halsfell im goldenen Felde), Rostock, Fürstentum Schwerin, Ratzeburg. Stargard, Wenden; der Mittelschild, von Rot über Gold quer geteilt, zeigt das Wappen der Grafschaft Schwerin. Das Wappen wird von einem schwarzen Stier und einem goldenen Greif gehalten und von der Königskrone bedeckt. […]

Das Familienwappen von Geikler Maik®

Landesfarben

Die Landesfarben des Großherzogtum Mecklenburg sind Blau, Weiss, Rot.

Regenten

regierendes Fürstenhaus: Ahnherr Niklot Fürst der Obotriten, Herr von Schwerin († 1160), Stammvater Herzog Adolf Friedrich II. (1658 – 1708)

- 28.06.1794 – 06.11.1816 Großherzog Karl II. (Herzog Karl Ludwig Friedrich) (10.10.1741 – 06.11.1816)
- 06.11.1816 – 06.09.1860 Großherzog Georg Wilhelm (12.08.1779 – 06.09.1860)
- 06.09.1860 – 30.05.1904 Großherzog Friedrich Wilhelm (17.10.1819 – 30.05.1904)
- 30.05.1904 – 11.06.1914 Großherzog Georg Adolf Friedrich V. (22.07.1848 – 11.06.1914)
- 11.06.1914 – 23.02.1918 Großherzog Adolf Friedrich VI. (17.06.1882 – 24.02.1918)
- 27.02.1918 – 14.11.1918 Großherzog Friedrich Franz IV. von Mecklenburg-Schwerin (09.04.1882 – 17.11.1945)

Großherzog Adolf Friedrich VI. nahm sich am 24. Februar 1918 in Neustrelitz das Leben. Der letzte Großherzog von Mecklenburg-Strelitz wurde auf der Schlossinsel Mirow beigesetzt. Da keine legitimen Nachfahren zur Verfügung standen übernahm **Großherzog Friedrich Franz IV**. von Mecklenburg-Schwerin die Regentschaft von Mecklenburg-Strelitz, der Urgroßvater **von Geikler Maik®**.

Weiterführende Informationen finden Sie im Blog Deutsche Schutzgebiete

Link: https://deutsche-schutzgebiete.de/wordpress/projekte/kaiserreich/grossherzogtum-mecklenburg-strelitz/

Geikler Maik® hat zudem seine Personenstandstellung mit Lebenderklärung der Deutschen Rentenversicherung im schwarzen Rand für die juristische Person und die mit rotem Rand für die natürliche Person (Lebens- und Staatsangehörigkeitsbescheinigung), Staatsangehörigkeitsausweis nach §4 RuStaG 1913 und Rückgabe des Reisepaß und Personalausweis aus dem Rechtskreis der Bundesrepublik Deutschland (Handelsrecht) in das Staatsrecht des Deutschen Reichs gestellt. Sowie den Nachweis, daß er in dem unter Besatzungsrecht stehenden Gebiet Deutschlands Eigentum erwerben darf.

Eigentum, nicht Besitz, ein Aspekt der für Personalausweisträger in der Bundesrepublik genaustens geprüft werden sollte. *„Bin ich Eigentümer meines Hauses und des Bodens, auf dem es steht?"*

Seinen Namen hat MG unter „Geikler Maik® „ und sein Wappen rechtlich schützen lassen, so daß diese im Handelsrecht nicht mehr mißbräuchlich genutzt werden können. Hier ergeben sich weitere interessante Details zu der eigenen Rechtsstellung der bundesdeutschen Personalausweisträger, die in der öffentlichen Wahrnehmung noch nicht vorhanden sind bzw. unterdrückt werden.

Kennzeichnend für die prekäre Situation des Verwaltungsapparates (BRD-Regierung) der alliierten Streitkräfte ist die panische Reaktion, wenn selbst in AfD-Verbänden das Thematisieren der Staatsangehörigkeit mit Parteiausschluß geahndet wird.

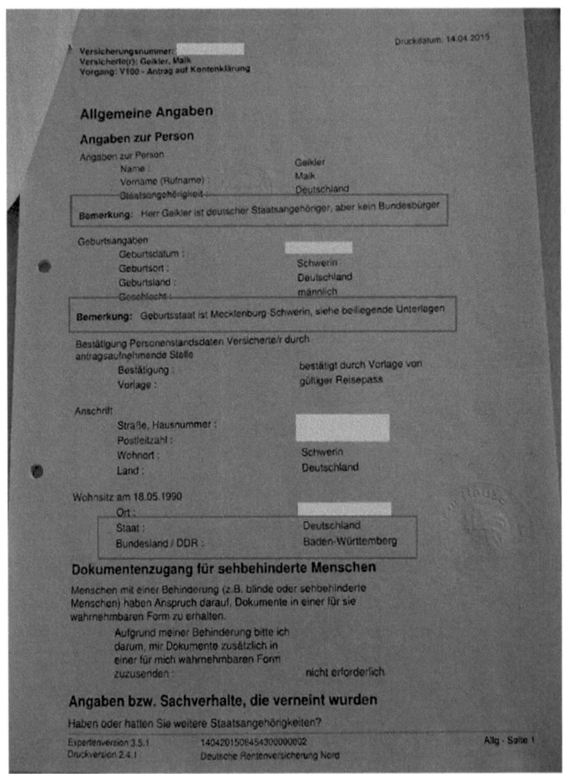

Geikler Maik® Intention

ist die Herstellung rechtsstaatlicher Zustände, die hier in verkürzter Form dargestellt werden.

- Freie Heilfürsorge in der Wahl alternativer Medizin oder schulmedizinischer Behandlung.
- Keine Schulpflicht, Heimunterricht, freie Schulen.

- Kein Impfzwang, die Eltern entscheiden ob Sie Kinder abspritzen lassen wollen, wobei die Impfprodukte homöopathischen Grundsätzen entsprechen sollen.
- Grund und Boden kann gepachtet werden, wobei die Grundbücher von Grundschulden bereinigt werden.
- Freie Energie über LENR und andere zugänglich gemachte Energieoptionen.
- Ein vereinfachtes Steuerrecht von anfänglich max. 22% Einkommenssteuer mit abnehmender Tendenz.
- Die „Spitzenbeamten" werden ausgetauscht, entlassen. Das Verwaltungssystem schlanker aufgestellt.
- Die Polizei arbeitet wieder, als Beamte und in der Absicherung der Staatshaftung.
- Die Goldwährung wird eingeführt.
- Staat und Religion werden strikt getrennt, wobei die Religion eine Privatsache darstellt.
- Geheimgesellschaften, NGOs werden verboten.
- Die familiäre Ausrichtung des Gemeinwesen.

Am 24. April 2019 wurde die Anmeldung als Staat Mecklenburg-Strelitz bei der UNO beantragt.

Laut Geikler Maik® wurde die Ministerpräsidentin Mecklenburg-Vorpommern Manuela Schwesig mit dieser Tatsache konfrontiert und die Reaktion, soll „not amused" gewesen sein. Was auch verständlich ist, denn als Ministerpräsidentin eines Bundeslandes besteht kein weiterer Bedarf ihrer ideologischen Agitation. Gemäß dem Pressesprecher aus dem Fachdienst Kommunales/Ratzeburg, Herr Steffen ist ein Geikler Maik® und die Eigentumsbeanspruchung des Fürstentums Ratzeburg unbekannt und eine Erbregelung ausgeschlossen, da der Großherzog aus der Ritterschaft ernannt wurde.

Staatsrechtlich betrachtet ergibt sich aus der Reorganisation des Fürstenthums Ratzeburg, der Regierungsanspruch auf Mecklenburg-Strelitz und Mecklenburg-Schwerin, de fakto Mecklenburg wird in der Monarchie reorganisiert. Das heutige Vorpommern könnte in die Selbstverwaltung übergehen.

Die Realität wird durch Verträge und der normativen Kraft des Faktischen gestaltet. Mecklenburg liegt im russischen Sektor und Deutschland wird über die EU COM bewirtschaftet. Geikler Maik® muß also das Einverständnis der russischen Föderation haben, damit die US-Streitkräfte als Schutzmacht für Mecklenburg einrücken können. Aus dem handelsrechtlichen System der BRD-Verwaltung wird zum jetzigen Zeitpunkt keine Erklärung zu erhalten sein und Geikler Maik® wird harte Fakten liefern müssen, damit sein Vorhaben realisiert werden kann.

Ganz Deutschland schaut auf Mecklenburg, wird hier das Startsignal für die Freiheit gesetzt und der Terror der Kulturmarxisten beendet?

Fakten

VOLLDRAHT proklamiert als unabhängige Zeitung die monarchistische Reorganisation Mecklenburgs.

Ausgehend der von Geikler Maik® zur Verfügung gestellten Informationen ergibt sich ein dynastischer Erbschaftsanspruch, ein rechtmäßiger Titel, das Bodenrecht und eine monarchistische Staatsform Mecklenburg, die bis heute gültig ist.

Staatsform

Einherrschaft > Fürstenherrschaft > Beschränkte Monarchie > *Parlamentarische Monarchie.*

Fortsetzung folgt ...

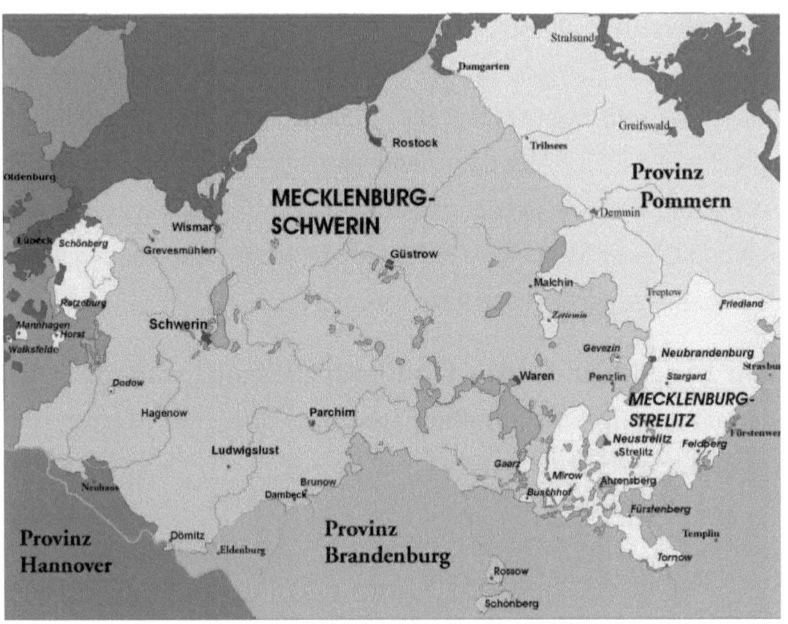

2. Einigkeit mit Hindernissen – Grhzg. Friedrich Maik & MPräs. Manuela Schwesig[9]

Der zäh angelaufene Umstellungsprozeß der parlamentarischen Demokratie in die parlamentarische Monarchie wurde hochgeschaltet und nimmt Fahrt auf.

Es war wirklich mühselig, mitten in der Nachrichtensperre zur Aktivierung Mecklenburgs in die parlamentarische Monarchie, eine Auskunft von Sachbearbeiter der mecklenburgisch-vorpommerischen Institutionen zu erhalten, die nicht verlegen gestammelt wurde oder einem ertappten harschen „NEIN" glich, nur weil ich freundlich lächelnd, mich zur Kenntnis der Umstellung der Verwaltung in die p. M. erkundigt hatte.

Nach intensiver und leberschädigender Stammtischarbeit, hat sich dieser enervierende Zustand in ein gehauchtes *„Wann ist es denn endlich soweit?"* gewandelt.

---

[9] Vgl. https://www.volldraht.de/recht/119-politik/2807-einigkeit-mit-hindernissen-grhzg-friedrich-maik-mpraes-manuela-schwesig

Erstaunlicherweise hält sich ein größerer Anteil des Bürgertums hartnäckig von jeglicher Information fern, „Keine Zeit", *„Das glaube ich nicht"*, „Reichsbürgerkram" oder der unschlagbare Bambi-Blick eines totalen intellektuellen „Overflows" sind die Spitzenreiter der ewig nörgelnden Nachbarn, die zwar jedwede Veränderung einfordern und penibel darauf achten leistungslos das Ergebnis anderer Arbeit konsumieren zu können.

Die intensive dreijährige Vorbereitung, der rechtlichen Voraussetzungen für einen friedlichen Wandel wurde durch eine Vielzahl unscheinbarer offensichtlich nicht zusammenhängender Verwaltungsakte, zu einem wirkenden Rechtsinstrument geschmiedet, so daß in der Endphase mit dem UCC die Gebietsaktivierung in der parlamentarischen Monarchie besiegelte werden konnte.

(Friedlich, da eine Revolution in Deutschland nur per Formular funzt und das war nicht auffindbar.)

Zu dem Zeitpunkt erreichten uns immer häufiger die Mitteilungen aktiver Bürger, die unsere Arbeit aufmerksam verfolgen und die Pressestellen der BRD-Institutionen anriefen und nachfragten, wie der Stand der Aktivierung in der p. M. sei? Es ist immer wieder ein erquickliches Vergnügen die ausgefeilte Rhetorik genießen zu können, wenn die offizielle Verlautbarung, daß absolute Nichtwissen und die Aktivierung, als nicht existent darstellen will. Selbst meine Lieblingsamtsleiterin, kann nur noch zischeln, „Geh mir damit nicht auf den Zünder"

Das ist schon erstaunlich, da jeder noch so private Post in die Öffentlichkeit und an den Pranger der grün-roten Gesinnungsterroristen gezerrt wird. Nur die Aktivierung Mecklenburgs in der p. M., daß will keiner zur Kenntnis genommen haben wollen.

Das gleiche Verhaltensmuster ist bei den Propagandatröten der Norddeutschen Presselandschaft zu verzeichnen. Wobei das könnte damit zusammenhängen, daß erstaunlicherweise alle Druckmaschinen aus Mecklenburg abgebaut und in den Westen verfrachtet wurden, die Pressehäuser eine Sammelredaktion und Schaltzentrale in Hannover haben, da sich die SPD alles gegriffen hat, was eine öffentliche Meinung gestalten könnte. Hannover, das jetzt einen türkischstämmigen islamistischen Grünen als Oberbürgermeister gewählt hat. Ein Schelm sei er, wer dabei an ideologischen Gesinnungsterror denkt.

Rostock versucht gleichzuziehen und hat in der abgeschwächten Variante, einen Dänen ohne deutsche Abstammung und Staatsangehörigkeit, als Bürgermeister gewählt. Das funktioniert natürlich im Norden nicht. Innerhalb der Gebietsgrenzen des Großherzogthum Mecklenburg-Strelitz und des Großherzogthum Mecklenburg-Schwerin sind solche bunten Eskapaden nur von kurzer Dauer.

Da sitzt man dann im Büro, schaut aus dem Fenster und sinniert über die aktuelle Lage, ob etwas übersehen wurde und vergewissert sich, daß man selbst, sich nicht im Paralleluniversum befindet. Entspannt schaue ich den Eichhörnchen, beim rauf und runterflitzen der Friedhofseichen zu, bis eine Rasselbande von Kampfzwergen, inkl. Pitbull ins Büro stürmt, das Fenster aufreißt und alle mit Gejauchze aus dem Fenster in den Garten hüppen.

Da weiß ich, daß ich auf der Erde bin und die Wahrnehmung der Realitäten, bei den anderen verschoben sind.

Bestätigt wird es durch Aussagen wie diese, aus dem Bekanntenkreis; Ein Staatsanwalt spricht vom Putsch der BRD, Polizisten wollen die Aufklärung zur Haftungsfrage, Steuerberater die Magengeschwüre bekommen, weil ihre Arbeit ad absurdum geführt wurde, Unternehmer die Nachrechnen und in der p. M. den Befreiungsschlag für ihr Unternehmen erkennen und immer wieder, ein leises *„Herr Baumann, wir dürfen eigentlich nicht mit Ihnen sprechen, weiter so"*.

Die Schweriner sind da weiter, mit der ruhigen und freundlichen Art des Großherzogs Friedrich Maik werden Mißverständnisse geradegerückt und die Weichen zur p. M. in der Legislative, Judikative und Exekutive gestellt. Warum? Weil es Entscheidungsträger gibt, die klare Bilder sehen und sich von ideologischen Phrasen der allmachtsheischenden Realitätsverweigerer, die eigene Zukunft nicht verramschen lassen wollen.

Und am schwersten hat es die MPräs. Manuela Schwesig, Sie steht im Rampenlicht, wobei es ist die von Ihr gewählte Position. Ihr obliegt es, die Kooperation der Landesregierung Mecklenburg-

Vorpommern mit dem Haus des Großherzog Friedrich zu verkünden.

Das ständige Antanzen in der Berliner Gruft dient zur Kontrolle, ob das Hundehalsband der Partei noch festsitzt. Das Halsband ist ja schick, wobei die Berliner Leine schon arg ausgefranst ist und der Kadavergehorsam am seidenen Faden hängt. Ein öffentlicher Befreiungsschlag startet die offizielle Anpassung der Verwaltung und beendet die unseelige Hängepartie, einer bereits gescheiterten BRD-Verwaltung.

Daher ist es erfreulich, wenn die ersten öffentlichen zarten Anzeichen der Annäherung auf Facebook gesendet werden. Ein bissel korrekturwürdig, aber ein Anfang. *„Wir schaffen das"*

MPräs. Manuela Schwesig

Grhzg. Friedrich Maik

"Das stimmt.

Wir haben nur ein Großherzogthum Mecklenburg-Strelitz und ein Großherzogthum Mecklenburg-Schwerin.

Der Großherzog"

Der Countdown läuft, schlußendlich sind die Spielregeln des UCC entscheidend

und haben das Ergebnis bereits festgelegt.

3. <u>Preußen erbt Mecklenburg!</u>[10]

Unter dem Titel „**Mecklenburg im Wandel – Reorganisation des Großherzogthum Mecklenburg-Strelitz**" berichtet Volldraht von einer anstehenden Reorganisation beider Bundesstaaten Mecklenburgs. Als Grundlage wird die Geltendmachung eines Erbanspruchs der Marke „Geikler Maik®" auf das Fürstentum Ratzeburg genannt. Dessen Urgroßvater soll laut Volldraht der Großherzog Friedrich Franz IV. von Mecklenburg-Schwerin gewesen sein.

Da das Thema sehr spannend klingt und die Großherzogtümer Mecklenburgs mit dem Könighaus Preußens durch ein langes, enges Band miteinander verbunden sind, hat das Preußenjournal diese Informationen einem Faktencheck unterzogen – und dabei ein erstaunliches Ergebnis zu Tage gefördert.

Staatsrechtliche Situation der beiden mecklenburgischen Staaten

Die beiden Großherzogtümer Mecklenburgs stellen im Bund des Deutschen Reiches einen Sonderfall dar, denn bis zur Beseitigung der Monarchie 1918 ist es in diesen beiden Staaten nicht gelungen, eine moderne Verfassung einzuführen. Im Moment, als 1918 die Handlungsunfähigkeit des Gesamtstaates eintrat, galt in den Großherzogthümer nach wie vor eine mittelalterliche, landständische Verfassung.

---

[10] Vgl. https://preussenjournal.net/2019/05/11/faktencheck-preussen-erbt-mecklenburg/

Die außergewöhnliche staatsrechtliche Situation Mecklenburgs wird in diesem Vortrag: https://youtu.be/-wLUR2CFDS8?t=2314 ausführlich dargelegt. Für den Faktencheck entnehmen wir daraus den Auszug aus dem Buch von Wilhelm Bazille – Unsere Reichsverfassung und deutsche Landesverfassungen (Stuttgart, 1906)

§ 20. **Die Verfassung der beiden mecklenbu[rgischen] Grossherzogtümer.**

Das Großherzogtum Mecklenburg-Schwerin ist [ein] geschlossenes Ganze, während Mecklenburg-Strelitz [aus] voneinander getrennten Teilen besteht, nämlich dem [Fürsten-]tum Strelitz oder dem Stargardschen Kreis, und dem [Fürsten-]tum Ratzeburg.

I. **Der Monarch.** In beiden Großherzogtün[ern] steht die Linealfolge mit Erstgeburtsrecht (s. hierüber [...] Beide großherzogliche Häuser sind durch Hausvertr[äge ver-]bunden; im Fall des Aussterbens der einen Lini[e ist die] andere Linie thronfolgeberechtigt; beim Erlöschen [beider] Häuser geht die Thronfolge auf Preußen über.

Geikler Maik® macht einen Erbanspuch auf das Fürstentum Ratzeburg geltend, das gemäß den Ausführungen Bazilles Bestandteil des Großherzogtums Mecklenburg-Strelitz ist.

Dazu schreibt Volldraht: „Staatsrechtlich betrachtet ergibt sich aus der Reorganisation des Fürstentums Ratzeburg, der Regierungsanspruch auf Mecklenburg-Strelitz und Mecklenburg-Schwerin."

Dies ist anhand der Ausführungen Bazilles nicht nachvollziehbar, dort heißt es, die Thronfolgeberechtigung (=Regierungsanspruch) besteht für die großherzoglichen Häuser, die durch Hausverträge miteinander verbunden sind.

Die Thronfolge wiederum ist durch die Linealfolge mit Erstgeburtsrecht geregelt. Diese Regeln der „agnatischen Linealfolge mit Primogeniturordnung" sind uns heute nicht mehr geläufig, doch Bazille schildert zum Glück auch diese ausführlich in seinem oben genannten Buch im „§23. Die Thronfolge.". Dort wird unter anderem auch darauf hingewiesen, dass in Mecklenburg-Schwerin wie in Mecklenburg-Strelitz das sog. salische Gesetz gilt, wonach Kognaten von der Thronfolge ausgeschlossen sind. Der interessierte Leser möge das genannte Kapitel in Bazilles Buch studieren.

Für unseren Faktencheck genügt es, die Mannstamm-Linien der beiden großherzoglichen Häuser nachzuzeichnen:

Am 27.7.1914, also am Tage vor Ausbruch des Weltkrieges regierten in Mecklenburg:
1. Großherzog Adolf Friedrich VI. in Mecklenburg-Strelitz
2. Großherzog Friedrich Franz IV. in Mecklenburg-Schwerin

1.　　　Die　　　Strelitzer　　　Linie

Adolf Friedrich VI. war der ältere Sohn von Großherzog Adolf Friedrich V., sein jüngerer Bruder Carl Borwin 1908 kam im Alter von nur 19 Jahren bei einem Duell unverheiratet und kinderlos ums Leben. Damit war Adolf Friedrich VI. der einzige thronfolgeberechtigte Agnat der Strelitzer Linie und entsprechend wurde er beim Tode seines Vaters am 11. Juni 1914 Großherzog von Mecklenburg-Strelitz. Am 24. Februar 1918 wurde seine Leiche mit einer Schußwunde an der Schläfe gefunden, Adolf Friedrich VI. starb unverheiratet und kinderlos.

Der thronfolgeberechtigte Mannstamm der Strelitzer Linie ist damit am 24. Februar 1918 erloschen. Gemäß den Hausgesetzen fiel die Thronfolgeberechtigung damit an

2.　　　Die　　　Schweriner　　　Linie.
Entsprechend trat Großherzog Friedrich Franz IV. von Mecklenburg-Schwerin die Regentschaft in Mecklenburg-Strelitz an.

Großherzog Friedrich Franz IV. von Mecklenburg-Schwerin hatte zwei Söhne: Friedrich Franz V. (1910–2001) und Christian Ludwig (1912–1996). Nach der in Mecklenburg geltenden agnatischen Linealfolge war Friedrich Franz V. als erstgeborener Sohn der Erbprinz, sprich der thronfolgeberechtigte Erbe, .

1941 vermählte sich Erbprinz Friedrich Franz V. mit Karin von Schaper. In der Folge wurde er wegen dieser Hochzeit von seinem Vater nach den Hausgesetzen enterbt, da die Eheschließung UNEBENBÜRTIG war. An die Stelle des Erbprinzen trat damit sein jüngerer Bruder Christian Ludwig, der zum Herzog zu Mecklenburg und damit zum künftigen Chef des Hauses ernannt wurde. Christian Ludwig wurde dazu das Prädikat „Königliche Hoheit" verliehen.

Diese seine königliche Hoheit Erbprinz Christian Ludwig heiratete 1954 Barbara Prinzessin von Preußen. Aus dieser EBENBÜRTIGEN Ehe sind zwei Kinder entsprossen: Donata und Edwina, zwei weibliche Nachkommen – ein männlicher Abkömmling aus EBENBÜRTIGER Ehe existiert damit nicht.

Der thronfolgeberechtigte Mannstamm der Schweriner Linie ist damit am 18. Juli 1996 erloschen.

Damit sind die Mannstämme beider mecklenburger Linien, die Linie Mecklenburg-Schwerin ebenso wie die Linie Mecklenburg-Strelitz AUSGESTORBEN.

Wilhelm Bazille stellt in seinem obigen Text die Konsequenz aus diesem Fakt vor: Gemäß dem wiederholt bekräftigten Erbverbrüderungsvertrag zwischen dem Haus Hohenzollern und dem Hause Mecklenburg fällt die Thronfolge über Mecklenburg damit an Preußen, denn Preußen genießt das Sukzessionsrecht im Falle des Aussterbens der Mecklenburgischen Großherzoge. Dies wurde unter anderem vertraglich vereinbart zwischen König von Preußen Friedrich I. und Herzog Friedrich Wilhelm von Mecklenburg-Schwerin. Der Vertrag dazu findet sich im Landeshauptarchiv Schwerin → https://ariadne-portal.uni-greifswald.de/?arc=11&type=dcs&id=11005

Unser Faktencheck zum Volldraht-Artikel ergibt damit das folgende Resultat: **Eine staatsrechtliche Reorganisation der mecklenburgischen Großherzogtümer ist ausgeschlossen**, da kein thronfolgeberechtigter Agnat einer mecklenburgischen Fürstenlinie existiert. Bei Geikler Maik® mag es sich vielleicht um einen legitimen Erben des Fürstentums Ratzeburg handeln – ein thronfolgeberechtigter Erbe eines mecklenburgischen Staates mit „Regierungsanspruch" ist er in keinem Fall, denn:

Mecklenburg ist preußisch!

Es bedarf nun eines preußischen Regenten, der in Übereinstimmung mit den beiden Häusern des preußischen Landtags ein Gesetz zur Eingliederung der beiden Großherzogthümer Mecklenburgs in die Staaten der preußischen Monarchie verabschiedet. Dann braucht es nur noch eines Übernahmepatentes und der schwarze Adler kann über Mecklenburg wehen und es heißt:

Willkommen, deutsche Schwestern und Brüder der preußischen Provinz Mecklenburg! Nun kann zusammenkommen, was schon so lange zusammengehört.

4. <u>Großherzogthum Mecklenburg - was ist dahinter?</u>[11]

<u>#Großherzogthum #Mecklenburg - ein Land zum verlieben I #001</u>

Video <u>#001I</u> <u>#Großherzogthum</u> Mecklenburg - ein Land mit herzlichen Menschen und wunderbaren Orten <u>#Impressionen</u> begleitet von der <u>#Mecklenburgischen</u> <u>#Nationalhymne</u>

---

[11] Vgl. https://www.youtube.com/channel/UCk4NixaO6JVklkMvwCillFw

5. #Großherzogthum #Mecklenburg - ein Land zum verlieben I #001[12]

<u>Großherzogthum Mecklenburg - was ist dahinter?</u>

Video #001I #Großherzogthum Mecklenburg - ein Land mit herzlichen Menschen und wunderbaren Orten #Impressionen begleitet von der #Mecklenburgischen #Nationalhymne -----------------

----

------------------------------------- Kontaktdaten: Post: Großherzog Friedrich Maik® Postfach 110119 D - 19001 Schwerin / Mecklenburg Germany Email: grossherzog.friedrichmaik@protonmail.com Paypal:

---

¹² Vgl. https://www.youtube.com/watch?v=tvMLb_5H5NA

6. #Großherzogthum #Mecklenburg I wichtige Punkte der #parlamentarischen #Monarchie I #002[13]

<u>Großherzogthum Mecklenburg - was ist dahinter?</u>

Video #002 I Welche wichtigen Punkte werden im #Großherzogthum #Mecklenburg umgesetzt? ☐ Link zu den Stimmzetteln:☐ https://www.volldraht.de/recht/119-po... Kontaktdaten: Post: Großherzog Friedrich Maik® Postfach 110119 D - 19001 Schwerin / Mecklenburg Germany Email: grossherzog.friedrichmaik@protonmail.com Paypal: https://paypal.me/GeiklerMaik Link zu Volldraht: https://www.volldraht.de/ (Die Kommentarfunktion für dieses Video wurde aus privatrechtlichen Gründen deaktiviert) .... Das Kleingedruckte:☐ Gern kannst du mit dem Glöckchen ☐den Kanal abonnieren, mit☐ liken und ↷☐ teilen.☐ HINWEIS: Alle im Video genannten und angesprochenen Inhalte sind das geistige Eigentum der Partizipanten. Zitierungen oder Inhaltsausschnitte sind nur im Gesamtzusammenhang und mit Verweis auf dieses Original zu verwenden Quelle der Bilder: Großherzog Friedrich Maik®, Jörn Baumann, pixabay Es wurde gemafreie Musik verwendet. Layout & Gestaltung: Christiane

---

[13] Vgl. https://www.youtube.com/watch?v=W0el4DQeax0

7. <u>#Großherzogthum Mecklenburg I#Großherzog Friedrich Maik im Gespräch mit Tobias Sommer & Jörn Baumann</u>[14]

<u>Großherzogthum Mecklenburg - was ist dahinter?</u>

Video #003 - Weshalb hat <u>#Mecklenburg</u> eine <u>#Sonderstellung</u> in der <u>#deutschen</u> <u>#Geschichte</u>? Darüber geben uns Großherzog Friedrich Maik®, Jörn Baumann und Tobias Sommer fundierte Informationen weiter... ☐ Link zu den Stimmzetteln:☐ <u>https://www.volldraht.de/recht/119-po...</u> Kontaktdaten: Post: Großherzog Friedrich Maik® Postfach 110119 D - 19001 Schwerin / Mecklenburg Germany Email: grossherzog.friedrichmaik@protonmail.com Paypal: <u>https://paypal.me/GeiklerMaik</u> Link zu Volldraht: <u>https://www.volldraht.de/</u> (Die Kommentarfunktion für dieses Video wurde aus privatrechtlichen Gründen deaktiviert) .... Das Kleingedruckte:☐ Gern kannst du mit dem Glöckchen ☐den Kanal abonnieren, mit☐ liken und ↴☐ teilen.☐ HINWEIS: Alle im Video genannten und angesprochenen Inhalte sind das geistige Eigentum der Partizipanten. Zitierungen oder Inhaltsausschnitte sind nur im Gesamtzusammenhang und mit Verweis auf dieses Original zu verwenden. Quelle der Bilder: Großherzog Friedrich Maik®, Jörn Baumann Quelle der Musik: gemafreie Musik Layout & Gestaltung: Christiane

---

[14] Vgl. <u>https://www.youtube.com/watch?v=ROLPuikBeIM</u>

8. <u>#Großherzogthum</u> <u>Mecklenburg I Wie schaut das Leben im Ghzgt Mecklenburg aus? I Fakten statt Gerüchte</u>[15]

<u>Großherzogthum Mecklenburg - was ist dahinter?</u>

Video #004 <u>#Fakten</u> - <u>#Klarheit</u> - konkrete <u>#Maßnahmen</u> Was passiert aktuell im <u>#Großherzogthum</u> <u>#Mecklenburg</u>? Was ist dran an den Gerüchten um Großherzog Friedrich Maik®? Wie schaut das Leben konkret im Großherzogthum Mecklenburg aus? Darüber geben Großherzog Friedrich Maik®, Jörn Baumann und Tobias Sommer ganz KONKRETE Antworten... ☐ Link zu den <u>#Stimmzetteln</u>:☐ <u>https://www.volldraht.de/recht/119-po...</u> Kontaktdaten: Post: Großherzog Friedrich Maik® Postfach 110119 D - 19001 Schwerin / Mecklenburg Germany Email: grossherzog.friedrichmaik@protonmail.com Paypal: <u>https://paypal.me/GeiklerMaik</u>

---

[15] Vgl. <u>https://www.youtube.com/watch?v=RKWwf_P0j-U</u>

9. <u>#Großherzogthum #Mecklenburg #005 I "Trollfragen" werden beantwortet I #Großherzog Friedrich Maik</u>[16]

<u>Großherzogthum Mecklenburg - was ist dahinter?</u>

Video #005 - Fragen und konkrete Antworten zu <u>#Hintergründen</u> <u>#Fakten</u> <u>#Handelsrecht</u> <u>#Seerecht</u> <u>#Staatsrecht</u> <u>#nächsteSchritte</u> <u>#Ausblick</u> u.v.m. ...beantwortet von <u>#Großherzog</u> Friedrich Maik, Christiane, Tobias & Jörn

---

[16] Vgl. <u>https://www.youtube.com/watch?v=sjSl7dV4oJU</u>

10.   #Großherzog Friedrich   Maik® beantwortet   Fragen zum #Großherzogthum #Mecklenburg - 1. Teil I #006[17]

Großherzogthum Mecklenburg - was ist dahinter?

Video #006 - Hintergründe zum #Übergang ins #Großherzogthum, freie #Energie, #Renten- & #Grundversorgung, #Finanzsystem, #Nießbrauchsrecht, #Gebietszugehörigkeit u.v.m.

---

[17] Vgl. https://www.youtube.com/watch?v=Zku7W3j3Nd8

11. 	#Großherzog Friedrich Maik® beantwortet Fragen zum #Großherzogthum #Mecklenburg - 2. Teil I #007[18]

Großherzogthum Mecklenburg - was ist dahinter?

Video #007 - Hintergründe zum #Übergang ins #Großherzogthum, #Schulwesen,   ,   #Gesundheitswesen   #Rentenzahlungen, #Verwaltungsakte des Übergangs, #Bankenwesen, u.v.m. (Teil 02 / 06 der Veranstaltung am 15.08.2020 in Mecklenburg) Was passiert aktuell im #Großherzogthum

---

[18] Vgl. https://www.youtube.com/watch?v=NdXt-GZYuvg

12.   #Großherzog Friedrich Maik® beantwortet Fragen zum #Großherzogthum #Mecklenburg - 3. Teil I #008[19]

Großherzogthum Mecklenburg - was ist dahinter?

ABONNIEREN

Video #008 - Hintergründe zum #Übergang ins #Großherzogthum, #Reisepass, #Personalausweis, #Maskenpflicht in Schulen, #Anmeldung in Mecklenburg, #Ummeldung nach Mecklenburg, Wohnsitz in Mecklenburg u.v.m. (Teil 03 / 06 der Veranstaltung am 15.08.2020 in Mecklenburg) Was passiert aktuell im #Großherzogthum

---

[19] Vgl. https://www.youtube.com/watch?v=kPpalasCJzl

13. #Großherzog Friedrich Maik® beantwortet Fragen zum #Großherzogthum #Mecklenburg - 4. Teil I #009[20]

Großherzogthum Mecklenburg - was ist dahinter?

Video #009 - Hintergründe zum #Übergang ins #Großherzogthum, #HAARP Marlow, #Windräder, #Mehrwert- Steuern, #Finanzämter, #Erbschaftssteuer, #öffentlicher Personennahverkehr u.v.m.

---

[20] Vgl. https://www.youtube.com/watch?v=8JPRfLS5p-k

14.   #Großherzog Friedrich   Maik® beantwortet   Fragen zum #Großherzogthum #Mecklenburg - 5. Teil I #010[21]

<u>Großherzogthum Mecklenburg - was ist dahinter?</u>

Video #010 - Hintergründe zum #Übergang ins #Großherzogthum, #Gebietsbereinigung, #Jagdrecht, #Schlössernutzung, #Projekte, #Genossenschaften, #Selbständigkeit u.v.m.

---

²¹ Vgl. https://www.youtube.com/watch?v=-FqfXpn5EY8

15.   #Großherzog Friedrich   Maik®   beantwortet   Fragen
zum #Großherzogthum #Mecklenburg - 6. Teil I #011[22]

Großherzogthum Mecklenburg - was ist dahinter?

Video #011 - Hintergründe zum #Übergang ins #Großherzogthum, #NIeßbrauchsrecht,   #Kommerz,   #Lizenzen,   #freie   Energie, #MedBetten, aktuelle Situation u.v.m. (Teil 06 / 06 der Veranstaltung am 15.08.2020 in Mecklenburg)

---

[22] Vgl. https://www.youtube.com/watch?v=eNk2gHLScHk

IV. Thronnachfolge:

1. Mecklenburg – Thronfolge des Grhzg. Friedrich Maik wurde legitimiert - Wie reagiert der MP SPD-Schwesig?[23]

Friedrich Maik wurde zum 01. September als rechtmäßiger Thronfolger des König vom Königreich Preußen legitimiert.

Damit wird der Prozess in die Souveränität Mecklenburgs auf eine, die Souveränität der Gliedstaaten Deutschlands signifikant unterstützende Wirkung angehoben.

Das Tanzevent der Soros-Demokraten in Berlin hat damit seine ablenkende und irreführende Wirkung verloren. Das Spiel des SED geführten BRD-Regime ist vorbei. Die Ministerpräsidentin MV Schwesig war in Berlin und ihre nächste Pressekonferenz wird mit Spannung erwartet.

---

[23] Vgl. https://volldraht.de/recht/119-politik/3856-mecklenburg-thronfolge-des-grhzg-friedrich-maik-wurde-legitimiert-wie-reagiert-der-mp-spd-schwesig

#Großherzog Friedrich Maik - es ist vollbracht I rechtmäßige #Thronnachfolge wurde legitimert I #012

Schafft die SPD-Schwesig es diesmal, die parlamentarischen Monarchie als zukünftige Staatsform auf dem Gebiet des Großherzogthum Mecklenburg-Strelitz und dem Großherzogthum Mecklenburg-Schwerin und dem Herzogthum Pommern anzukündigen?

Die Wetten stehen 99 : 1, daß der MP SPD-Schwesig neue sinnfreie Varianten zum Corona-Terror verkünden wird.

#Großherzogthum Mecklenburg - Wie schaut das Leben im Ghzgt. #Mecklenburg aus? - Fakten statt Gerüchte[24]

Ich möchte gerne einige meiner vorhergehenden Ausführungen ergänzen/berichtigen.

Leserkommentar von Robert Juvet

"Großherzog Friedrich Maik hat sich zum Thema Kaiser geäußert. Den Kaiser wird es nicht geben (und er ist für die Souverän-Werdung der Deutschen Staaten nicht erforderlich), da sich die Könige gegen den Kaiser entschieden haben.

Der Grund ist folgender: Kurz gefasst, hat der Kaiser das damalige Deutsche Reich und das dt. Volk an den Vatikan verraten und so gegen die Deutschen gehandelt, indem er den Deutschen Staat und Bürger in das Handelsrecht geführt hat. So wurden aus den freien Menschen – Personen.

---

[24] Vgl. https://www.volldraht.de/recht/119-politik/3714-grossherzogtum-mecklenburg-wie-schaut-das-leben-im-gh-mecklenburg-aus-fakten-statt-geruechte

(Die Aberkennung des Menschen-Menschenrecht...Bitte prüft doch mal den Unterschied zwischen Mensch und Person, dann wird Euch einiges klar) Sicher gibt es noch weitere Grunde, doch würden die Ausführungen den Rahmen des kurzen Beitrages sprengen.

Man möchte also die Deutschen wieder in die Kleinstaaten führen ähnlich wie zur Zeit 1815–1866 und das Großherzogtum Mecklenburg, Mecklenburg Schwerin und Herzogtum Mecklenburg Strelitz unter der Führung des Großherzog Friedrich Maik, nimmt diesbezüglich eine Sonderstellung ein. Im Video werdet Ihr vom Großherzog persönlich Informationen erhalten, wie der Stand der Dinge ist und wie die neuen Staaten aussehen bzw. funktionieren werden. Eines sollte hierbei allen klar werden, daß das Verwaltungskonstrukt und Staatssimulation BRD mit der Staatsbildung der Mecklenburger Staaten auseinander brechen wird.

Im bayrischen Königshaus arbeitet man ebenso schon an einen freien eigenständigen Staat.

Das Ziel wird es sein, die Deutschen Gebiete wieder in einzelne Staaten zu wandeln. Ähnlich wie Luxemburg oder Lichtenstein mit einer parlamentarischen Monarchie.

Karin-Anna vor 11 Stunden

Das goldene Zeitalter ist angebrochen und es fängt im Herzogtum Mecklenburg an... Freiheit und Freude schöner Götterfunken...

👍 35 👎 ANTWORTEN

Birgit Bernreuter vor 11 Stunden

Wenn dieses wahr werden wuerde, würden wir mit Grossfamilie und 4 Katzen und einem Hund nach Mecklenburg ziehen.

YouTube^{DE}

Suchen

Uwe vor 12 Stunden

Danke für Euren wirklich super Beitrag, er macht Hoffnung und gibt Kraft.

👍 24 👎 ANTWORTEN

Zeit ist reif vor 12 Stunden

Das möchte ich für Saxen noch erleben, dann kann ich gehn.

👍 14 👎 ANTWORTEN

John Doe vor 11 Stunden

Genau, die Kelten aus dem Norden werden es richten !

👍 13 👎 ANTWORTEN

Markus Benz vor 11 Stunden

IHR SEIT SUPER. WENN DAS SELBE AUCH IN BAYERN PASSIERT U. JEDER ENDLICH WIEDER OHNE SORGEN LEBEN KANN..DANN IST DAS GENAU WAS WIR BRAUCHEN. MACHT WEITER SO. DIE INFO HIER IST UNBEZAHLBAR!!!

👍 30 👎 ANTWORTEN

dan bibi vor 11 Stunden

Was können wir in der Freien und Hansestadt Hamburg tun? Ich möchte etwas TUN, aktiv! Danke und macht weiter so!

In einen weiteren Beitrag werde ich auf dieses Thema gesondert eingehen und erklären, warum dies gut für die Menschen ist. Eins steht jedoch schon fest, wir werden in eine schöne Zukunft gehen und wieder Mensch sein dürfen, die Familien wieder stärken können, den Gemeinschaftssinn wieder entwickeln sowie uns wieder Wohlstand aufbauen können.

Zudem werden wieder genügend Freizeit haben. Ganz wichtig jedoch ist auch, dass die Menschen wieder regional Arbeit finden und nicht 100te km entfernt arbeiten müssen. Kinder und Jugendliche erhalten eine Perspektive und jeder kann sich wieder individuell entfalten.

Auch wird der Genderwahnsinn abgeschafft. Es wird nur die biologischen Geschlechter geben. Dies bedeutet nicht daß Homosexuelle diskriminiert werden, nein! Jeder kann nach seiner Fasson selig und glücklich werden, doch Geschlechter gibt es nur 2.

Entscheidend für die Zukunft wird die freie Energie auf der Basis der Tesla-ischen Energiegewinnung und Transfer sein. Dies bedeutet Windkraft und herkömmliche Energiegewinnung werden nicht mehr benötigt und so werden sie demontiert und zurückgebaut. Strom wird für alle mit geringem finanziellen Aufwand verfügbar werden.

Auch in den Schulen wird sich einiges ändern.

Großherzog Friedrich Maik geht darauf auch in seinem Video ein. Seht es euch bitte mal an und Ihr werdet bemerken, dass dies mehr Realität ist, als das was die BRD versucht zu verkaufen.

In Mecklenburg wurden schon Nägel mit Köpfen gemacht und ein zurück gibt es nicht mehr. Freut Euch alle auf die Zukunft , denn das was in Mecklenburg passiert wird federführend für ganz Deutschland und der Welt in den nächsten Jahren sein und auch so geschehen.

Ich freue mich auf die Zukunft! Meine Hochachtung für den Großherzog Friedrich Maik und seine tatkräftigen Unterstützer wie Tobias Sommer und Jörn Baumann. Viele wertvolle Infos findet Ihr auch im YouTube Kanal: „Tobias Sommer-wie war's wirklich?" Bitte Teilen, umso schneller werden wir uns von den Tiefenstaat befreien können."

#Großherzogthum Mecklenburg - Wie schaut das Leben im Ghzgt. #Mecklenburg aus? - Fakten statt Gerüchte

3. <u>Großherzog Friedrich Maik ist König von Preußen.</u>[25]

Beitrag Nr. 2 zum [G]eschehen in Mecklenburg und Pommern und die Staatsbildung des Großherzogthum's!
(kann gerne geteilt werden)

Seit meinem gestrigen Beitrag ist viel geschehen, Ich habe in vielen Gruppen und auch auf meiner Seite sowie per Privatnachricht viel Zustimmung für meinen Artikel erhalten, dafür möchte ich allen recht herzlich Danken. Allerdings gab es auch einige verbale Angriffe auf mich im Bezug auf den Großherzog Friedrich Maik.

Eins soll klar sein, ich werde den rechtmäßigen König vom Königreich Preußen bis aufs letzte verteidigen, da er als Mensch und Schirmherr die Menschen in Mecklenburg und Pommern befreit und in die Souveränität führt. In der Zeit wo alle geschlafen haben und dem Grundgesetz hinterherlaufen sowie auf den Friedensvertrag hoffen und die Kaiserfahne schwingen, hat Friedrich Maik , Handlungen walten lassen. Alles was er den Menschen an Informationen über sich und den Stand der Dinge verbreitet hat, ist der Wahrheit entsprechend und auch in Erfüllung gegangen. Das die Menschen es nicht prüfen, ist deren Schuld. **Ihr Mecklenburger und Pommeraner habt einen Mann an der Spitze, der sein Volk liebt und alles im Sinne der Menschen und deren Familien gestaltet. Ihr könnt stolz auf Ihn und sein Team sein, die alles dafür tun, dass Ihr souverän werdet und ein**

---

[25] Vgl. https://jbaumann.de/grossherzog-friedrich-maik-ist-koenig-von-preussen/

sorgenfreies Leben mit euren Familien in Wohlstand führen könnt. Das sage ich als geborener Sachse. Ich wäre froh, wenn Sachsen schon genauso weit wäre.

Was ist denn heute geschehen?

Friedrich Maik hat die Verträge unterschrieben, welche Ihn zu seinen Handlungen als rechtmässiger Thronnachfolger legitimieren und dass bedeutet dass ab 01 Sept. Ein souveräne/r Staat/ en entsteht, nämlich das Großherzogtum Mecklenburg Strelitz, Mecklenburg Schwerin und das Herzogtum Pommern.

Viele haben mich gefragt , wird es die BRD Firma zulassen? Das müssen sie und werden sie, da hier ein Souveräner völkerrechtlich anerkannter Staat, welcher auch bei der UN registriert ist einer Firma BRD gegenübersteht. Eine Firma kann keine Hoheitsrechtlichen Ansprüche geltend machen.

Was passiert mit der BRD? Im Moment noch nichts, da sie eine Firma ist bleibt sie weiterhin bestehen nur verkleinert sie sich. Das ist in etwa so, als wenn eine Niederlassung geschlossen wird.

Was das an **Auswirkungen** hat , ist natürlich etwas anderes. Die Kompletten Steuereinnahmen und Forderungen an die Bürger fallen weg. (Steuereinnahmen sind bei einer Firma nicht legitim. Sie dürften gar keine Steuer Fordern, aber das ist ein anderes Thema und soll uns jetzt nicht interessieren) Wenn die Steuer für so viele Bürger wegfallen, ist das ein sehr großes Defizit. Man beachte die BRD ist Hauptfinanzierer der EU und verfügt über einen kolossal großen Verwaltung und Regierungsapparat, deren Kosten monatlich aus Steuergeldern beglichen werden muss. Auf deutsch gesagt die BRD ist Pleite. Gut, das ist sie schon lange aber sie drucken weiter fleißig Geld.

Spätestens mit dem Abspalten auch zukünftiger Staaten , wie zB Bayern ist der **Zerfall der BRD nicht mehr aufzuhalten**. Ich vermute hier werden die alliierten eine Regelung finden um das Chaos auszuschließen.

Hinzu kommt noch die **Umstellung der Währungen**, da die USA und andere Länder das FIAT Money System verlassen werden und auf Gold Standard umstellen werden.

Sobald die BRD zerfällt , zerfällt auch die EU.

Bevor die Frage aufkommt, so wird das Großherzogthum von den USAmerikanern beschützt, sie stellen die Sicherheit im Staat her, werden Grenzen mit bewachen und die dortige Polizei unterstützen.

Was ist mit dem deutschen Reich? Ich wurde gefragt , was passiert mit dem deutschen Reich und meine Antwort darauf „nichts" Warum?

Mit der heutigen Unterschrift vom Großherzog Friedrich Maik ist auch das Deutsche Reich obsolet. Zum einen ist es ebenfalls eine Firma und zum andren fallen ab morgen Gebiete vom Deutschen Reich weg. Ohne diese Gebiete, kann das Reich nicht mehr wieder aktiviert werden zumal Friedrich Maik auch König vom Königreich

Preußen ist. Hohenzollern hat schon vor langem vertraglich auf Ansprüche an das Dt. Reich verzichtet und wurde dafür auch finanziell entschädigt. Das bedeutet es wird kein Hohenzollern mehr geben, der den Friedensvertrag unterzeichnet.

Der Einzige der es könnte wäre der König vom **Königreich Preußen, Friedrich Maik, doch er möchte einen souveränen Staat also kein Kaiserreich.** Ich habe es in meinen letzten Beitrag schon geschildert , dass ein Friedensvertrag die Souveränwerdung der Menschen behindern würde. Lest bitte meinen letzten Beitrag.

Wie sieht die Zukunft der restlichen Ländereien der BRD Verwaltung aus.
Die Königreiche, Herzog-, Großherzog- und Fürstentümer sowie Königreiche werden wieder ähnlich wie jetzt in Mecklenburg geschehen, entstehen und es werden sich wieder Deutsche Kleinstaaten bilden. Ob sie irgendwann wieder ein Bund werden, kann an dieser Stelle noch nicht gesagt werden. Die Möglichkeit allerdings besteht, wenn auch nicht in naher Zukunft.

Warum ist es für Menschen in der Großherzogtümern und Herzogtum gut?
Weil sie wieder souverän werden und ins Menschenrecht gelangen. Der Großherzog hat seinen Plan für diese Länder in seiner Konferenz mit den Bürgern bekannt gegeben und wenn es so umgesetzt wird , dann wird es für die Menschen der Himmel auf Erden, ähnlich wie im Kaiserreich damals... Meines Erachtens besser.

Was geschieht mit den neu zu gereisten Eventmanagern?
Sie werde nach Hause geschickt oder in das BRD Gebiet verschoben. Geregelt wird es ähnlich wie in der Schweiz, mit Bewilligungen. Keine Arbeit, kein Wohnsitz keine Bewilligung ! Dauerhafte Bewilligung nur nach ein paar Jahren… (In der Schweiz für Sprachverwandte Deutschland Österreich, Italien Frankreich 5 Jahre, für andere 10 Jahre und es muss ein ununterbrochenes Arbeitsleben nachgewiesen werden sowie Wohnsitz) Das heißt die Neuzuzügler werden freiwillig gehen, wenn sie kein Geld mehr bekommen.

Werden die Medien darüber berichten.
Ich glaube der Mainstream wird vorerst schweigen. Man hat auch bisher kaum etwas über Mecklenburg in den Medien gehört. (Bewusst hat man es zurückgehalten obwohl es der Landesregierung schon lange bekannt war.) Die Leute werden es nur feststellen, wenn sie in oder über das Mecklenburger Land Reisen wollen. Zudem wird im September “ **FOX News „in Deutschland senden** und sie werden sicher aufklären. Auch die Alternativmedien werden die Menschen nach und nach informieren.

Dazu noch kurz, **Das Brandenburger Tor** wurde von Louise Königin vom Königreich Preußen erbaut (bzw. auf Ihren Wunsch hin errichtet) Königin Louise ist Familienstammbaum vom heutigen König vom Königreich Preußen, Friedrich Maik.

Misstrauische Leser sollten sich die Konferenz vom Großherzog auf seinen **YouTube Kanal „Großherzogthum Mecklenburg -was steckt dahinter?** ansehen, dort geht er auf alle Fragen ein , des weiteren findet man sehr viele Infos, Verträge und ähnliches auf der **Facebookseite von Friedrich Maik.** Ihr findet auch viele Infos auf den **YouTube Kanal Tobias Sommer- wie war's wirklich?** Auch ist eine Emailadresse vom Großherzog auf seine Seite hinterlegt.

Sollten noch weitere Fragen bestehen so gebe ich gerne Antwort. Schreibt mich dazu gerne an!

Somit werde ich nun zum Ende kommen und hoffe etwas zum Verständnis beigetragen haben zu können.

4. #Großherzog Friedrich Maik - es ist vollbracht I rechtmäßige #Thronnachfolge wurde legitimert I #012[26]

Großherzogthum Mecklenburg - was ist dahinter?

Video #012 - Großherzog Friedrich Maik® I rechtmäßiger Thronnachfolger #König vom #Königreich #Preußen □

Link zu den Stimmzetteln:□ https://www.volldraht.de/recht/119-po...

Kontaktdaten: Post: Großherzog Friedrich Maik®

Postfach 110119 D - 19001 Schwerin / Mecklenburg Germany

Email: grossherzog.friedrichmaik@protonmail.com

Paypal: https://paypal.me/GeiklerMaik

Link zu Volldraht: https://www.volldraht.de/ (Die Kommentare für dieses Video werden erst im Nachhinein freigegeben) .... Das Kleingedruckte:□ Gern kannst du mit dem Glöckchen □den Kanal abonnieren, mit□ liken und ⮷□ teilen.□ HINWEIS: Alle im Video genannten und angesprochenen Inhalte sind das geistige Eigentum der Partizipanten. Zitierungen oder Inhaltsausschnitte sind nur im Gesamtzusammenhang und mit Verweis auf dieses Original zu verwenden Quelle der Bilder:

---

[26] Vgl. https://www.youtube.com/watch?reload=9&v=P2ULRGirBg0&feature=youtu.be

Großherzog Friedrich Maik® Quelle der Musik: Gemafreie Musik
Layout & Gestaltung: Christiane

MEHR ANSEHEN

Öffentlich kommentieren…

V.   <u>Gratulationen</u>[27]:

> Die allerherzlichsten Glückwünsche zur Souveränität! Ich wünsche dem Großherzogthum Mecklenburg und seinen Menschen alles erdenklich Gute

> Eine wunderbare Nachricht, die uns Hoffnung gibt * vive le roi *

> Das ist großartig>! Herzliche Glückwünsche, endlich gute Zukunft in Sicht. Mein Mann schläft immer noch, er denkt, dass ich verwirrt und unrealistisch bin. Ich bin gespannt, ob er überhaupt noch erwacht. Ich bin schon Rentnerin, aber diese tolle Nachricht spornt mich mal so richtig an! Klasse. Ist mir inzwischen schon fast Schnuppe, dass mein Blödmann nicht denken kann und nur in die Glotze guckt. Nun will er sich auch noch impfen lassen??? Sorry, aber das musste mal raus.

> Du bist nicht allein , mir geht es genauso mit meinen Mann Habe das Gefühl wir ist im Tiefschlaf

---

[27] Vgl. https://www.youtube.com/watch?reload=9&v=P2ULRGirBg0&feature=youtu.be; kritisch dazu: https://freistaat-preussen.world/application/files/8315/9906/0961/02._Sep._2020_____________-Post_Koenig_Maik_Geikler_v._01.09.2020_.web.pdf

- Ich glaube, du redest von mir. Ich habe die ähnliche Situation. Bin auch Rentnerin und habe einen schlafenden Ehemann vor dem Fernseher! Ein Gedankenaustausch kann da nicht stattfinden!

- ggg* duuu bist sooo hammer

- lach ..wenns nicht so traurig wäre... zeige ihm mal das ...vielleicht zündets??? https://www.youtube.com/watch?v=PlKjldliirs

- ❣ *Sie sind eine wunder'-Bar'-e Seele.* ❣ □ □ *Danke, für Ihren Kommentar!* □ □

- Du bist nicht alleine.. Mir gehts genauso □

- Glückwunsch und Grüße aus dem Großherzogthum Mecklenburg Strelitz, dann kann es ja losgehen ! Machen wird dem Parteienbetrug ein Ende. LG

- Das wird eine Freude für Querdenken sein, hahaha, sie haben doch gemeint dass sie an die Macht kommen, weg mit diesen Verbrecherischen Parteien System

- Die herzlichsten Glückwünsche von Sachsen aus Bayern. □□□

- Herzlichen Glückwunsch an Großherzog Friedrich Maik und seine Mitstreiter. Ich hoffe auf einen Synergieeffekt

- Meinen allerherzlichsten Glückwunsch. Einer mußte den Anfang machen.

- Hurra, ich lebe bald in einem souveränen Land unter Großherzog Friedrich Maik !!!

- Ich freue mich sooo sehr für Euch, von Herzen!! :-) Ich hätt ihn auch so gerne als König!!

- Jippie, das ist ja großartig, ganz herzlichen Glückwunsch

- Es ist eine wunderbare Nachricht! Herzlichen Glückwunsch und alles Liebe für Großherzog Friedrich Maik und den Menschen im Großherzogtum Mecklenburg. Gott beschütze Sie.

- Herzlichen Glückwunsch ich freue mich das ich Mecklenburg nie verlassen habe <u>geb in</u> Dargun jetzt wohnhaft in MV Juhu ☐☐

- Herzlichen Glückwunsch und viel Erfolg.

- Das Paradies wieder auf Erden schaffen... ziehet an die Waffenrüstung des Lichts

- Ich gratuliere von ganzem Herzen! Jetzt hat Euer Volk es in der Hand dank Eures Einsatzes. Alles erdenklich Gute wünsche ich dem Großherzogtum Mecklenburg!

- Herzlichen Glückwunsch!! Eine tolle Nachricht. Ich bin in Mecklenburg geboren, lebe aber schon lange in Bayern. Vielleicht klappt es ja auch bald bei uns.

➢ Herzlichen Glückwunsch. Vielleicht träumen ja jetzt auch ein paar Preußen.

➢ Mit Tränen in den Augen, Freude im Herzen und Gedanken, die Hoffnung machen danke ich von Herzen Friedrich Maik und seinen Mitstreitern für ihre unermüdliche Arbeit, die einen verlorenen Traum zur Wirklichkeit werden lässt. Herzlichen Glückwunsch ☐

➢ Das wäre so klasse... ☐♀☐☐♀☐☐♀☐

➢ Sollte wirklich ein Traum wahr werden, ich freue mich auf die Zukunft, auf Ruhe, Frieden und Zufriedenheit,, ☐

➢ Herzlichen Glückwunsch aus Schleswig-Holstein! Ach wäre es schön, wenn es auch bei uns so etwas geben würde. Alles Gute und viel Glück ☐☐

➢ Herzlichen Glückwunsch

➢ Hoch soll er leben und dem Volke dienen wie es ein guter und weiser König tut!! Herzlichen Glückwunsch!

➢ Was für eine ganz wunderbare Nachricht!❤□□□Herzlichen Glückwunsch den Mecklenburgern und ihrem Großherzog. Was für ein Wandel ! □□□

➢ Herzlichen Glückwunsch für die Souveränität der Menschen. ❤□

➢ Hurra,Hurra,Hurra- liebe Grüße aus Berlin Spandau.Ich freue mich auf den Tag,an dem auch hier die Sektkorken,mindestens in unserer Familie knallen werden!

➢ Hier ein Link zu Deinen Fragen. https://volldraht.de/recht/119-politik/3852-mecklenburg-us-schutzmacht-souveraener-staat-vs-berlin-soros-demokraten-friedensvertrag Großherzog Friedrich Maik hat schon viele Fragen auf YouTube beantwortet. Hier der Link dazu. https://www.youtube.com/channel/UCk4NixaO6JVklkMvwCillFw

➢ HERZLICHEN   GLÜCKWUNSCH   □□□□□□□□
❤❤❤Heimat❤❤❤

➢ Ich bete dafür, dass es wahr ist

➢ Gänsehaut ist das beste Zeichen ... :)

➢ Ja ich auch.

➢ Herzlichen Glückwunsch ! Und gutes Gelingen ! Bei uns in
Bayern geht irgendwie gar nichts vorwärts ! Aber ich freue
mich sehr für Euch ! Liebe Grüße aus FFB !

➢ Respekt. Wusste gar nicht daß es noch solche königlichen
Größen gibt. GLÜCKWUNSCH □□□

➢ Irgendwas sagt mir, dass das bald überall so kommt, auf der
ganzen Welt

➢ Herzlichen Glückwunsch!!! Hurra Hurra Hurra!!! Diese Nachricht tut einfach nur gut!! Wir leben zwar in Bayern aber freuen uns riesig mit! Haben jedes Video verschlungen! Wir hoffen das bei uns sich auch was ândert!!!! Nochmals herzlichen Glückwunsch!!!!□❤□

➢ ihr werdet nachziehen □□□

➢ Vielen Dank für die wundervolle Nachricht, ich bin sehr glücklich in diesem Land leben zu dürfen.

➢ Hier ein Link zu Deinen Fragen. https://volldraht.de/recht/119-politik/3852-mecklenburg-us-schutzmacht-souveraener-staat-vs-berlin-soros-demokraten-friedensvertrag Großherzog Friedrich Maik hat schon viele Fragen auf YouTube beantwortet. Hier der Link dazu. https://www.youtube.com/channel/UCk4NixaO6JVkIkMvwCilIFw

➢ Die aller herzlichsten Glückwünsche aus Gardelegen (Sachsen-Anhalt)! Viel Erfolg für das Bevorstehende und vor allem Gesundheit auch für Ihre Familie!

- Ein Stück Glück in dieser Zeit an Mecklenburg Vorpommern ❤

- Allerherzlichste Glückwünsche und viel Erfolg

- Viele herzliche Grüße aus Sachsen, und gutes Gelingen. Bei uns ist es ja auch bald soweit hoffe ich! Liebe Grüße an das Großherzogtum Mecklenburg!

- ☐ Herzlichen Glückwunsch & Segenswünsche vom Bayerischen Meer & Schloss Herrenchiemsee ☐☐möge dieser SouveränitätsGlücksfall bald meine geliebte Heimat erreichen ☐☐ Gott mit uns ❤☐☐

- Herzlichen Glückwunsch!!! Gott mit Dir!!! <3 Ich freue mich sooo sehr, auch wenn ich aus Hessen bin! :-)

- Hallo allerseits, ich wünsche den Menschen dort alles erdenklich gute, ich weiß es wird toll. Kann gut sein, dass ich nachkomme. Alles gute und Gruß in die Welt

> Gratulation □ □ □ □ Alles Gute □ □

> Herzlichen Glückwunsch, ich freue mich sehr für Mecklenburg.□

> Herzlichen Glückwunsch Herr Großherzog Friedrich Maik :)

> Herzlichen Glückwunsch □

> Meinen ganz persönlichen Gruß und herzlichen Glückwunsch, passen Sie bitte auf sich auf und bleiben Sie gesund. Ich liebe MV!

> Herzlichen Glückwunsch, ich hoffe das NRW auch in diese Richtung kommt?! Ich habe jetzt fast alle ihre Posts durch ,und kann nur sagen "Respekt" !!!!□

> Wir arbeiten gemeinsam daran. Das wird was!

➢ NRW ist Königreich Preußen... Ab heute ....

➢ wie aufregend und spannend □□auf eine goldene Zukunft □ sehr gute Nachrichten vom Großherzog Friedrich Maik □❤□

➢ Glückwunsch und gutes Gelingen aus Altona □

➢ Sehr gut. Alles Gute ♥□

➢ Herzlichen Glückwunsch

➢ Herzlichen Glückwunsch

➢ Das ist mein Staat, die Mecklenburger schaffen das mit links ! Einfach nur gut

➢ Gratulation. Herzlichen Glückwunsch. Wunderbar. Eine freudige Nachricht für alle Menschen in Mecklenburg und für alle, die in Preussen geboren sind. Wunderbar. Großartig.

Lang   lebe   der   König   von   Preussen
□□□□□□□□□❤❤❤❤❤□□□□□□

- ➤ Gratulation, super, mega super □□□□ endlich geschafft

- ➤ ❤lichen Glückwunsch !!!

- ➤ Herzlichen Glückwunsch ! Es ist eine so hoffnungsvolle Nachricht. Glück und Segen für den guten König.

- ➤ Klasse , Glückwunsch !

- ➤ Wow so positiv !Freue mich mit helfen zu dürfen und Alles Gute das alle Menschen wieder zueinander finden! Hope & Peace □

- ➤ Die besten Wünsche und alles gute für Mecklenburg. Vielleicht soll ich nach Mecklenburg ziehen □ ist ne Überlegung wert.

➢ Herzlichen Glückwunsch!

➢ Herzlichen Glückwunsch. Meiner Heimat der ich immer noch sehr verbunden bin. Ein Traum wurde wahr.

➢ Glückwunsch. Ihr geht mutig voran und gebt den Menschen Hoffnung. Mögen sich eure Visionen erfüllen. Auch viele Sachsen stehen bereit, um den Wandel ⬜ zu vollziehen

➢ Glückwunsch! ⬜⬜ Ich möchte auch für Schleswig-Holstein etwas bewegen! Wer kann mir bei der Recherche helfen?

➢ Die allerherzlichsten Glückwünsche, Gesundheit, Kraft, Energie und Erfolg. Was für eine Verantwortung. Ich bin glücklich Mecklenburgerin zu sein . Ich freue mich auf ein neues, sauberes, wunderschönes, Menschenwürdiges Mecklenburg. ⬜⬜⬜

➢ Willkommen im Großherzogtum. Ich bin stolz, ein Mecklenburger zu sein. Wir werden unser Land erfolgreich aufbauen. Ich bin dabei. In der 1.Reihe! ⬜⬜

- Wir sind überglücklich über diese wunderbare Nachricht. Dem Großherzog Friedrich Maik alle guten Wünsche für eine gute und gerechte Regentschaft. Auch wir Menschen in Westfalen beobachten diese wundervolle Entwicklung und hoffen für alle deutschen Völker auf baldige Befreiung. Herzlichste Grüße und Glückwünsche

- Herzlichen Glückwunsch unserem König Großherzog Friedrich Maik, gutes Gelingen in unserem Land MV sowie ausreichend Gesundheit. Unsere Wahl hat sich gelohnt, wir haben gehofft, dass genügend Stimmzettel zu Ihnen den Weg finden, liebe Grüße aus dem Seebad Warnemünde□

- An Christiane viel Erfolg für ihre neue Tätigkeit als Pressesprecherin□

- Was bedeutet das für uns Menschen hier in MV konkret? Welche Änderungen wird es geben und ab wann in etwa ? Würde mich sehr freuen, wenn diese schöne Nachricht tatsächlich stimmt !!

- Hier ein Link zu Deinen Fragen. https://volldraht.de/recht/119-politik/3852-mecklenburg-us-schutzmacht-souveraener-staat-

<u>vs-berlin-soros-demokraten-friedensvertrag</u> Großherzog Friedrich Maik hat schon viele Fragen auf YouTube beantwortet. Hier der Link dazu. <u>https://www.youtube.com/channel/UCk4NixaO6JVklkMvwCillF</u>
<u>w</u>

➢ Ganz lieben dank . Bin gespannt auf die nächsten Wochen!

➢ Herzlichen Glückwunsch auch aus Niedersachsen.

➢ Ich moechte auch einen Koenig in Oesterreich haben ! hat Er nicht noch einen Verwandten ? auf jeden Fall meinen Glueckwunsch und Hoch soll Grossherzog Friedrich Maik Leben !

➢ Seid stolz auf das was ihr geschaffen habt.. □ □

➢ Herzlichen Glückwunsch! Was ich bisher mitbekommen habe wird Mecklenburg eine strahlende Zukunft haben! Es freut mich so sehr, dass Bayern bereits ähnliche Wege geht. Danke!

- ➢ Herzlichen Glückwunsch □□□□□□□□□□

- ➢ Gänsehaut!!! Ich freu mich so sehr!

- ➢ ich gratuliere

- ➢ Meine herzlichsten Glückwünsche zu diesem wundervolles Ereignis! Ich bin zutiefst berührt und habe Tränen in den Augen... Danke für diese hoffnungsvolle Nachricht! Von Herzen gutes Gelingen für Sie und alle Menschen im Großherzogtum! Bleiben Sie beschützt!

- ➢ Herzlichen Glückwunsch aus Bayern

- ➢ Herzlichen Glückwunsch königliche Hoheit ! Das haste fein gemacht, Maik! Viel Erfolg, gutes Gelingen, Frieden und Harmonie für Dich, Deine Familie, den Beisitzern und auch für Dein Volk! Möge endlich das Licht hier Einzug halten!

- ➢ Herzlichen Glückwunsch. Hurra !!!

- ➢ Großartig, auf in die Zukunft, viel Glück Friedrich Maik und euch fleissigen Menschen.

- ➢ Herzlichen Glückwunsch und viel Erfolg Friedrich Maik. Ich wünsche allen Menschen in MV alles Gute und ein wunderschönes Leben in einem souveränen Staat. Ihr habt es verdient!

- ➢ Das ist der nächste Befreiungsschlag☐ und damit der kommende Schritt des Zerfalls der BRD. !!☐ ☀☐Herzlichen☐ Glückwunsch seiner Königlichen Hoheit Friedrich Maik zum (offiziellen) König von Preußen ☐ Ein Segen und Glück für das deutsche Volk ☐

- ➢ Herzlichen Glückwunsch...☐☐

- ➢ Herzlichen Glückwunsch

- ➢ ☐☐☐

- Herzlichen Glückwunsch an Herzog Maik Friedrich und natürlich auch seinem Volk. Da er König von Preußen ist, wird die Klärung des Deutschen Reiches nicht mehr lange auf sich warten lassen. Das ist jedenfalls meine Meinung. Ohne König gibt's eben auch keinen Kaiser. Was danach kommt, lassen wir uns überraschen. Das Kaiserreich ist nicht nötig, sondern Souveränität und Weltfrieden für jeden einzelnen Menschen

- Grossartig!

- Bewundernswert

- Meine allerherzlichsten Glückwünsche.. □□□□ Morgen gehts dann los die Schotten dicht.. ach was beneide ich Euch. Kann man eigentlich bei euch Asyl beantragen ? □□□Bitte mach weiter so. Ich komm dann mal vorbei. ich freue mich so für Dich lieber Großherzog Maik

- Hier ein Link zu Deinen Fragen. https://volldraht.de/recht/119-politik/3852-mecklenburg-us-schutzmacht-souveraener-staat-vs-berlin-soros-demokraten-friedensvertrag Großherzog Friedrich Maik hat schon viele Fragen auf YouTube beantwortet. Hier der Link dazu.

https://www.youtube.com/channel/UCk4NixaO6JVkIkMvwCiIIF
w

> □□♥□

> Herzlichen Glückwunsch .... und ihr seid zu beneiden! Grüsse
  aus Baden - Württemberg □

> Vorbildlich! Alle Segenswünsche von mir an den GHzg
  Friedrich Maik®, seine Familie, Freunde und tatkräftigen
  Helfer hinter den Kulissen! Mein spezieller Dank geht an T. S.,
  dessen Engagement ich seit mindestens zehn Jahren begleite.
  Viele Grüße gehen raus an die Pressesprecherin. Euer Tun
  wird zum leuchtenden Fanal für die anderen Deutschen Völker
  werden! Es freut mich sehr, dass auch Bayern in der
  Reorganisation Fortschritte macht. Möge Sachsen eurem
  Vorbild nacheifern! Ehre, dem Ehre gebührt! Per aspera ad
  astra! GLG aus Mitteldeutschland, aus der Justizhauptstadt
  des DR!

> Herzliche Glückwünsche Hoheit und Gottes Segen zu unser
  aller Wohl.

- Ich lasse mich mal ueberraschen in welche Richtung dies fuehrt !!!

- □□□□□......□□□□□□□....

- Gott schütze Dich, König Friedrich Maik! □□ Ich gratuliere von ganzem Herzen und wünsche mir, dass dies ein Befreiungsschlag für ganz Deutschland sein mag! Die Gedanken wie freie Energie, Gesundheitsversorgung, Schutz der Natur, Sozialsysten .... scheinen visionär! □□□❤□ Lieber Friedich Maik, ich wünsche gutes Gelingen und Gottes Segen für Dich und Dein Volk□□❤

- Glückwunsch! Juhu, es ist vollbracht. Für den weiteren Weg viel Kraft!

- Gibt es eine Möglichkeit als Berliner (Preuße) nach Mecklenburg zu ziehen und in eurer Monarchie mitzuwirken/zu leben...?

- Glück Wunsch aus Bayern□□□

➢ Dies sollte ja dann auch für ganz Europa positive Folgen haben, oder? Herzlichen Glückwunsch ☐

➢ Herzlichen Glückwunsch. Ich bin so Glücklich. Ich lebe in Berlin. Ich habe endlich wieder einen König. Ich kann das noch gar nicht Gauben. Preußen hat wieder einen König. Es lebe der König.

➢ Ich hoffe es ist wahr. Dann ziehe ich zurück nach Wismar

➢ Herzlichen Glückwunsch Danke für den sehr wichtigen Schritt damit Personen wieder Menschen im Staat sein können.

➢ Herzliche Glückwünsche auch hier aus Hessen, für eine sichere, gerechte und friedliche Zukunft

➢ Ich freu mich für MV und hoffe, dass jetzt die anderen Gebiete mit ziehen. Herzlichen Glückwunsch!

- ganz herzlichen Glückwunsch mit einem fröhlichen Knicks ☐

- Herzlichen Glückwunsch auch an das ganze Team! Zielstrebigkeit führt zum Erfolg! Ich wünsche weiterhin ein gutes Gelingen ❤❤❤

- Herzlichen Glückwunsch und Gottes Segen.

- Was eine Freudensbotschaft! Der weisse Adel kehrt zurück! Beantrage hiermit politisches und abstammungsbegründetes Asyl im Grossherzogthum Mecklenburg- Vorpommern! Es wäre mir eine Ehre, wieder heimkehren zu dürfen in das Land meiner Vorfahren!

- Zu aller erst mal herzlichen Glückwunsch. Allerdings obsiegt in mir noch eine gesunde Skepsis. (Und ich glaube da spreche ich für viele andere auch) Nach all den Lügen und Intrigen die wir Jahre lang ertragen mussten ist es schwer Vertrauen zu schenken. Trotzdem empfinde ich Zuversicht, dass sie ihre Ideale, die sie angepriesen haben, wie zb: „Freiheit, Zusammenhalt, Ehrlichkeit" nicht über Bord werfen. Danke Ihnen, dass wir uns wieder auf die Zukunft freuen dürfen.

➢ Herzlichen Glückwunsch

➢ Einfach nur Freunde. Herzlichen Glückwunsch.

➢ Ich gratuliere meinem König. Ehre, Treue, Freiheit...

➢ Ich werde jetzt aus München wieder in die Heimat kommen,
jetzt lohnt es sich. Wenn Friedrich Maik seine Versprechen
hält, beuge ich sogar zum ersten und einzige Mal mein Knie
vor ihm. Lob und Anerkennung, endlich kommt mal jemand
aus dem Quark!

➢ Meinen Herzlichsten Glückwunsch! Auf in die neue Zeit.

➢ Eine superschöne Musik haben Sie ausgewählt für das Video.
Ist ein Ohrwurm und hat so etwas Erhebendes.□

➢ Na dann nehme er Platz, der Sonnenschein. Herzlichen
Glückwunsch

> Neben dieser wunderbaren Nachricht, gibt es noch weitere erfreuliche Kunde. Parteien werden verboten! Mecklenburg – US-Schutzmacht – Souveräner Staat vs. Berlin - Soros-Demokraten - Friedensvertrag https://volldraht.de/recht/119-politik/3852-mecklenburg-us-schutzmacht-souveraener-staat-vs-berlin-soros-demokraten-friedensvertrag

> was sagt die Küstenbarbie dazu?

> Moin moin, ich hoffe, für alle Menschen, die hier in Deutschland als gebürtige Deutsche mit ihren Nachweisen der Herkunft leben, das diese Geschichte kein falsches Spiel ist. Soweit ich die ganzen Videos von Tobias verfolgt habe hat er bei meinen Nachforschungen immer Recht gehabt. Ich hoffe das ihr Erfolg habt und bin nicht abgeneigt meinen Heimatort aufzugeben und umzusiedeln. Mein Zweitwohnsitz ist jetzt in Schleswig Holstein, den verlege ich gerne an die Ostsee Küste nach Mecklenburg um ihn zum 1. Wohnsitz zu machen. Alles was ich brauche ist die Ostsee, mein Boot, die Angel und meine Ruhe und dann is alles gut. Mehr will ich gar nich. Enttäuscht nicht die, die für euch beten. Gott mit Euch.

> Wenn das alles Wahr ist und Wahr werden sollte in der Realität und nicht wider eine Täuschung der Menschen in

unserem Land ist, dann auch Glückwunsch zum gelingen in eine hoffentlich glückliche und unabhängige friedlichen Zukunft

- ➢ Da möchte ich mich der Gratulationen anschließen und bin gespannt was Merkel dazu zu sagen hat ☐ Grüße aus Schwerin

- ➢ Herzliche Glückwünsche auf das die Wahrheit siegen wird, schaut euch mal die Daumen an unter den Kommentaren so etwas habe ich noch nicht gesehen alle geben sich gegenseitig die Daumen hoch. Ihr habt alle einen von mir bekommen nur zusammen sind wir Stark.

- ➢ WAHRHAFTIG!!! ES IST GESCHEHEN, MIR FEHLEN DIE WORTE....

- ➢ Das ist so eine wunderbare Nachricht. Herzlichen Glückwunsch.

- ➢ Herzlichen Glückwunsch und Grüße aus Thüringen

➢ Auch wir sind Preußen. Provinz Schleswig-Holstein. Danke

➢ Eine wundervolle Nachricht, auf die wir gewartet haben. Es lebe unser Großherzogthum Mecklenburg, mit ihm die Freiheit. Wir sind der Sargnagel für das Besatzungskonstrukt BDD!

➢ Herzlichste Glückwünsche und alles Gute... □□□ Es lebe der König !

➢ □□□meinen Glückwunsch nun kann es los gehen wir freuen uns sehr auf eine bessere Zukunft □

➢ Danke sehr für dein Sein und deinen Einsatz□□□□! Ich dachte immer, wie kann MV unabhängig sein, wenn es doch zu Preussen gehört. So passt's□□□□! Ich war gestern noch klingeln an der Tür der russ.Botschaft in Berlin und bat Präsident Putin um Hilfe bei unserer Befreiung von der Nichtregierungsorganisation BRD und all den Marionetten dieses verlogenen korrupten Systems! Dieses ganze Pack von Querdenken und wie sie alle heissen, gut bezahlt von der (alten) Hochfinanz/ Kabale, die nun fällt! Sie gaben ein "schönes" Schauspiel in Berlin. Ich wollte unbedingt zu den Botschaften und viele finden, die mit gegenhalten. Meine erste und letzte Demo. Bin froh es mit eigenen Augen gesehen zu haben, wie die Massen ihren Henkern nachlaufen und bejubeln. Alles kommt ans Licht! Auf dem 800km Heimweg hörten wir dann abends dein Video, eine Patriotin aus Luxemburg, die ich noch heim fuhr, und ich! Welche Freude□□□□□□! Wir rätselten, was mit Luxemburg und den anderen Gebieten geschieht. Österreich, Schweiz, Bayern, Südtirol..Belgien .etc.Sehr spannend! Und heute ja auch der Start des goldgedeckten Quantenfinanzsystems□□! Gott mit uns□□□! Es gibt noch viel zu tun□! □□□□ mit all unserer Schöpferkraft packen wir es an!

> Hurra!!! Herzlichen Glückwunsch aus Bayern...

> Herzlichen Glückwunsch ins Herzogtum Mecklenburg Vorpommern!!!Maik, Sie sind der Beste! Rettung ist in Sicht. □Jemand der sich für die Menschen und Ihre Rechte einsetzt. Weiterhin viel Erfolg!

> Eine sehr gute Nachricht, wir freuen uns! Herzlichen Glückwunsch!

- ➤ Ich kann da grad nur Herzlichen Glückwunsch sagen und alles erdenkliche gut

- ➤ Herzlichen Glückwunsch Grossherzog Friedrich Maik, wünsch Ihnen und uns allen eine, schöne bessere Zeit lassen Sie uns gemeinsam an etwas ganz grossem und besserem Arbeiten......viel Glück und Gesundheit Ihnen und uns allen

- ➤ Alles wird gut □□□□♥

- ➤ Herzliche Glückwünsche □

- ➤ Wunderbar ich freue mich riesig, großartig. Herzlichen Glückwunsch. P.S.(Möchte auch dort wohnen)

- ➤ Ein wunderbarer Tag, die Sonne geht mit Großherzog Friedrich Maik auf!! Herzlichen Grlückwunsch! Ich weiß dass Du Mecklenburg voran bringen wirst, weil Du im Wissen bist. Im Wissen, das es andere und bessere Wege gibt die uns als Menschen in Mecklenburg und Preußen voranbringen werden. Ich bin ein echter Preuße und freue mich sehr auf die Zukunft

mit unseren König vom Königreich Preußen!! Ein HOCH AUF
DIE FREIHEIT!!

➢ Ales, alles Gute für Euch!! Ich freu mich riesig für Euch!

➢ Herzlichen Glückwunsch und Gottes reichen Segen

➢ Wünsche einen Herzlichen Glückwunsch aus Rottweil Baden
Württemberg

➢ wow....bin nur am Staunen...großartig....meine väterliche
Familie kommt von da....

➢ Meinen herzlichen Glückwunsch und hoffentlich bald in ganz
Deutschland.

➢ Das kann ich noch gar nicht glauben, herzlichen
Glückwunsch!!!

➢ Herzlichen Glückwunsch auch aus Perth Australien

➢ @Großherzog Friedrich Maik, Mögen sie ihr Amt mit Herz und
Verstand ausüben. Viele von uns freuen sich für die Menschen
die jetzt aus diesem System heraus kommen und ich gönne es
ihnen von Herzen ☐ jedoch hoffe ich das es für alle in diesem
Land eine Hoffnung auf ein Ende innerhalb dieses Systems
kommen wird.

➢ Gratulation.! Ich hoffe das dann endlich alles jetzt in Gang
kommt. ...Gott schütze die Patrioten und uns und stehe uns
bei . Der Parteiensalat gehört beendet und weg ! Die wollen
nur ihre Schäfchen ins trockene bringen und tun nichts für das
eigene Volk. Ausser uns auspressen wie Zitronen und ihr
Geldsäckel füllen.

➢ Von mir auch einen herzlichen Glückwunsch.....er könnte auch
König von Nordrhein-Westfalen werden. Hätte ich nix
dagegen. ...

➢ Er ist König von Nordrhein-Wespfalen, da er König vom
Königreich Preußen ist, schau dir mal die Karte an wie groß
das   ist:

- In Mecklenburg passiert alles 100 Jahre später... Großherzog Friedrich Maik hat alle im Rückwärtsgang überholt und ist mittlerweile dem Hauptfeld um eine hundertjährige Nasenlänge voraus...!!! Großen Respekt dafür! Copixmedia, die Vereinigung für Biodynamisches Leben sowie Verena & Martin Kramp gratulieren Dir herzlich und wünschen Dir und Deinem Team Kraft und Mut, all die kommenden Bewährungsproben standhaft zu meistern!

- Lang lebe König Friedrich Maik, ich freue mich für die Menschen dort. Herzlichen Glückwünsch und alles Liebe auf dem Weg zum Menschenrecht und Frieden. Danke an Präsident Trump, spacibo Herr Putin und lieben Dank an alle Soldaten. WWG1WGA

- Sehr geehrter Hochwohlgeborener Großherzog Friedrich Maik, ich würde mich gerne als Gauleiter in Ihren Reich bewerben, bitte teilen Sie mir ein Vorstellungstermin mit.

- Die herzlichsten Glückwünsche aus Berlin!

➢ Hurra und mein aller herzlichsten Glückwunsch. Ich verfolge Ihre / Eure Videos von Anfang an, ganz toll. Ich freue mich total auf unsere gemeinsame Zukunft hier in Mecklenburg. □□□

➢ Hoffentlich gehts bei uns in Bayern auch voran, ich kann diese Politikerschranzen nicht mehr sehen. Allen voran Söder. Herzlichen Glückwunsch an den König von Preussen und sein Volk.

➢ Herzlichen Glückwunsch. Für Frieden, Freiheit, Leben und für die gesamte Schöpfung. Möge unser geistiges und Kulturelles Erbe wieder seinen rechtmäßigen Platz unter deinem geschätzten Schutz finden. Danke von Herzen.

Der Frieden der deutschen Stämme wird über die Monarchien gesichert - Der „Friedensvertrag" ist die Falle der Kabale[28]

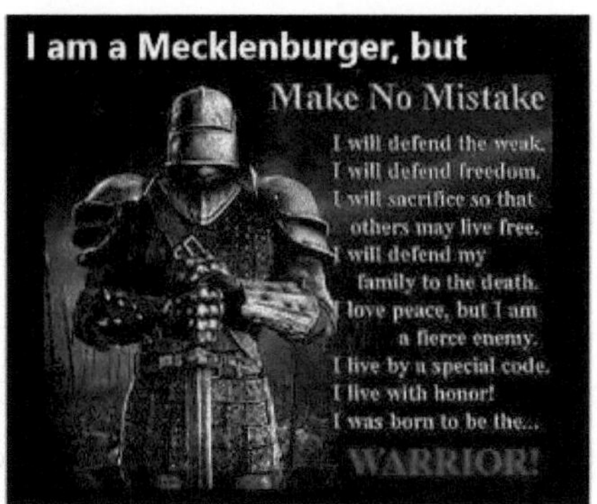

Die letzten Posaunisten des Kaiserreichs mit ihrer täglichen Nachrichtenkommentation und dem ergänzenden „Denkwerk" erfreut sich einer eminenten Beliebtheit in der Szene systemkritischer Menschen, die sich intensiv mit der Souveränität Deutschlands beschäftigen.

Aus der Komplexität der Verträge und geschichtlichen Abläufe sowie deren Geschichtsfälschungen und Täuschungen heraus, wurde ein „Friedensvertrag" als unbedingter Bestandteil auf dem Weg zur Souveränität angesehen.

Ein scheinbar offensichtlich logischer Schluß, denn das Wort „Friedensvertrag" impliziert die Beendigung der Besatzung und den

---

28   Vgl.   https://www.volldraht.de/recht/119-politik/3593-der-frieden-der-deutschen-staemme-wird-ueber-die-monarchien-gesichert

kooperativen Weg der beteiligten Parteien in eine gemeinsame friedliche Politik der souveränen Nationen.

Das ist nicht der Fall. Der Zweite Weltkrieg ist ein Komplott verschiedener Parteien gegen die deutschen Völker gewesen. Dieser Komplott und seine Vorteilsfindung wird bis heute in Form der Politik der selbstermächtigten BRD-Regierung fortgeführt.

Ein „Friedensvertrag" beinhaltet zwingend die Klärung der Haftungsfrage! Einer Haftung, die durch die Parteien des Komplotts ausgelöst wurde und der jetzt den sich aus dem Komplott gelösten, aktuellen Regierungen der U.S.A., der Russischen Föderation und (China) aufgebürdet werden soll, während die Parteien des Komplotts als Nutznießer des Betrugs und Ausbeutung der deutschen Völker ihren Judaslohn einstreichen können.

An dieser Haftungsfrage wird der gesamte Friedensprozeß scheitern. Er beinhaltet auch das Scheitern des US-Präsidenten und seiner Politik. Beides ist miteinander bedingt.

Scheitert Trump, wird die Transformation der BRD in ein staatsähnliches Konstrukt EU, DDR 2.0, 'Deutsches Reich' unter Führung der Parteien des Komplotts weitergeführt. Die politische Richtung dieser Entwicklung ist an der derzeitigen faschistischen Ausrichtung der BRD-Politik klar zu erkennen.

Daniel Mantey und Hans Joachim Müller sind Feinde Trumps und Agitatoren gegen die Freiheit der Deutschen.

Die den US-Präsidenten in den veröffentlichen Sendungen abwertend, als *„Trumpi"* bezeichnende Anrede, war meiner Meinung nach nicht zufällig, sondern die nicht unterdrückte hochmütige Respektlosigkeit gegenüber dem US-Präsidenten Donald J. Trump.

Entgegen seiner bisherigen anmaßenden Ausführungen mit *„Ich will mein Deutsches Reich"*, wurden die Strategen im Hintergrund und damit die beiden Denkwerker durch die Aufstellung der monarchistischen Rechtsnachfolge in Mecklenburg ausgehebelt und gezwungen, ihre Ausführungen anzupassen, um dennoch ständig den Weg zum „Friedensvertrag" in den Vordergrund zu schieben.

Dabei wird der Fakt der bereits eingeleiteten Übergabe der Regierungsgewalt an die parlamentarische Monarchie in Mecklenburg bewußt ignoriert. Wobei die im Hintergrund ablaufenden Prozesse zunehmend in die Öffentlichkeit getragen werden und die Mecklenburger erkennen können, daß ihnen, innerhalb eines gewährten Lernprozesses, die parlamentarische Monarchie den Ausweg aus dem BRD-Ausbeutungssystem weist, siehe dazu die Übersicht im PDF.

HJM hat sich im Denkwerk 118/20 klar positioniert und stellt die Haftungsfrage aus dem Zweiten Weltkrieg in den Vordergrund. Er reagiert damit auf die von mir getroffene Aussage im Artikel „Jalta ..." und der aus dem Video und provoziert damit einen Bruch mit der Politik Trumps. Das Beharren auf den „Friedensvertrag" ist die verdeckte Lenkung auf die Unmöglichkeit des Friedens durch das Deutsche Reich.

Die Haftungsfrage schließt einen Friedensvertrag aus, das ist u.a. der Grund warum nur die Monarchien möglich werden, wenn die deutschen Länder in Frieden kommen wollen.

Die Frage und der Ausgleich dazu werden in einer anderen Form stattfinden, die es ermöglicht, die Anspruchsrechte zu neutralisieren, und dennoch die Prosperität der deutschen Stämme zu gewährleisten. Die Lösung stellt sich durch Auseinandersetzungsverträge dar, die ebenso ihre Wirkung entfalten und dabei die Betrüger, Trickser und Täuscher der Kabale die Zeche zahlen lassen.

Wen meint HJM mit „Neuer Elite"? Ist das alter Wein in neuen Schläuchen?

Diese „Elite" für das Deutsche Reich kann aus der derzeitigen Situation nur durch die bestehenden Kräfte der Kabale/ K300 oder sonstigen Vereinen der Allmachtsfantasien gestellt werden, niemals aus deutschen Staatsbürgern, die den Frieden und die Freiheit für unsere Völker erkämpfen.

HJM und Daniel können noch maximal zwei Monate diese Agitation gegen die machbare Friedenslösung durchziehen, dann werden die politischen Ereignisse die beiden als Roßtäuscher klargestellt haben. Sie müssen sich dann den Konsequenzen stellen.

Wir, als Vertreter/Streiter der jeweiligen deutschen Stämme, haben eine einheitliche Meinung

Frieden in der Souveränität der deutschen Gliedstaaten finden

und daraus die Prosperität der deutschen Staaten schaffen,

in einem wahrhaftigen Miteinander der europäischen Nationen.

I want morebooks!

Buy your books fast and straightforward online - at one of world's fastest growing online book stores! Environmentally sound due to Print-on-Demand technologies.

Buy your books online at
www.morebooks.shop

Kaufen Sie Ihre Bücher schnell und unkompliziert online – auf einer der am schnellsten wachsenden Buchhandelsplattformen weltweit! Dank Print-On-Demand umwelt- und ressourcenschonend produziert.

Bücher schneller online kaufen
www.morebooks.shop

Printed by Books on Demand GmbH, Norderstedt / Germany